Das Leben der Margareta contracta

Eine Rekluse des 13. Jahrhunderts

Bruder Johannes O.P.

Das Leben der Margareta contracta

Eine Rekluse des 13. Jahrhunderts

(Übersetzung aus dem Lateinischen, Einleitung und
Anmerkungen von Waltraud Verlaguet)

Die Deutsche Nationalbibliothek verzeichnet diese Publikation in der Deutschen Nationalbibliografie; detaillierte bibliografische Daten sind im Internet über dnb.dnb.de abrufbar.

ISBN: 9783758318351
© 2024 Waltraud Verlaguet & Bruder Johannes O.P.
www.waltraud-verlaguet.net
Herstellung und Verlag: BoD – Books on Demand, Norderstedt

Inhaltsverzeichnis

Vorwort

Es handelt sich hier um die deutsche Version der von mir zunächst ins Französische übersetzten *Vita,* die 2023 bei Jérôme Millon veröffentlicht wurde. Die deutsche Version ist um einige Literaturhinweise erweitert, für die ich Balázs J. Nemes zu Dank verpflichtet bin.

Einleitung

Die vorliegende Lebensbeschreibung erzählt von einer Margareta, die in der Mitte des 13. Jh. in Magdeburg als Rekluse gelebt haben soll.

Der Text

Die älteste Handschrift der *vita* befindet sich in einem Codex in Berlin aus dem 13. Jahrhundert[1]. Eine textkritische Ausgabe wurde 1992 von Paul Gerhard Schmidt herausgegeben[2]. Zu diesem Zeitpunkt waren zehn Handschriften bekannt, und zwar aus Norddeutschland, Belgien und den Niederlanden. In den Folgejahren kamen weitere Textzeugen dazu[3], unter

[1] Ebenfalls in einer Berliner Handschrift, allerdings aus dem 15. Jahrhundert, findet sich die einzige bekannte deutsche Übersetzung der *Vita*, siehe Balázs J. Nemes, "Der ‚entstellte' Eckhart. Eckhart-Handschriften im Straßburger Dominikanerinnenkloster St. Nikolaus in undis", in: *Schreiben und Lesen in der Stadt. Literaturbetrieb im spätmittelalterlichen Straßburg*, hg. von Stephen Mossman u.a., Berlin/Boston 2012, S. 39-98, hier S. 58.

[2] Johannes von Magdeburg, O.P., *Die Vita der Margareta contracta, einer Magdeburger Rekluse des 13*. Jahrhunders, erstmals editiert von Paul Gerhard Schmidt, Leipzig : Benno Verlag (*Studien zur katholischen Bistums- und Klostergeschichte*, hsg. Franz Schrader, Band 36, 1992).

[3] Vgl. Paul Gerhard Schmidt, „'Margaretae Contractae' eine Magdeburger Mystikerin des 13. Jahrhunderts", *Hagiographica*

anderem eine ebenfalls von Schmidt 2007 edierte Kurzfassung der *Vita*.[4] Bardo Weiss[5] hat eine Studie veröffentlicht, in der er den Text kommentiert, in seinen Kontext stellt und dabei einzelne Sätze übersetzt. Eine weitere Studie wurde von Anneke B. Mulder-Bakker in ihrem Buch über Reklusen vorgelegt[6]. Die einzige moderne Übersetzung der ganzen *vita* ist die englische von Gertrud Jaron Lewis und Tilman Lewis[7].

Bis jetzt ist kein weiterer Zeuge aufgefunden worden, der etwas über Bruder Johannes oder Margareta geschrieben hätte und der uns über den Wahrheitsgehalt der *vita* Aufschluss geben könnte[8]. Man kann sich daher fragen, ob es sich vielleicht um eine theologische Abhandlung

---

Band 15, 2008, S. 177-196 und Nemes, *op. cit.*, S. 58, Anm. 82. Siehe ferner auch Balázs J. Nemes, *Von der Schrift zum Buch, vom Ich zum Autor*, Tübingen/Basel, A. Francke Verlag 2010, 389-391.

[4] Paul Gerhard Schmidt, „Eine Kurzfassung der 'Vita Margaretae Contractae'" , *Hagiographica* Nr.14, 2007, S. 1124-1225.

[5] Bardo Weiss, *Margareta von Magdeburg, eine gelähmte Mystikerin des 13. Jahrhunderts,* Paderborn, München, Wien, Zürich : Verlag Ferdinand Schöningh 1995.

[6] *Lives of the Anchoresses. The Rise of the Urban Recluse in Medieval Europe,* University of Pennsylvania Press, 2005, p. 148-173.

[7] Friar Johannes O.O. of Magdeburg, *The Vita of Margaret the Lame, a Thirteenth-Century German Recluse and Mystic,* translated, with commentary by Gertrud Jaron Lewis and Tilman Lewis, Toronto : Peregrina Publishing Co. 2001.

[8] Es gibt zwar mehrere Arbeiten über Margareta, wie die von A.B Mulder-Bakker, oder Hinweise auf sie, wie bei B. Nemes, der die Hypothese äußert, der Text könnte aus den Niederlanden stammen (s. Nemes 2012, S. 58, Anm. 82), es gibt auch neue Textfunde, aber nichts, was die Historizität der Person eindeutig erhärten könnte.

handeln könnte, die nur die Form einer fiktiven Lebensbeschreibung annimmt. Sowohl Bardo Weiss als auch die englischen Übersetzer weisen diese These zurück. Da Bruder Johannes zu Beginn zugibt, dass er lange nichts von dieser Frau verstanden hat, und er erzählt, wie er seine Meinung über sie hat ändern müssen, ist Bardo Weiss der Ansicht, dass sein Bericht eher authentisch ist, zumal Einleitung und Zusammenfassung fehlen, wie es in einer theologischen Schrift der Fall sein müsste. Schmidt erörtert die Möglichkeit, Johannes sei vielleicht vor ihr gestorben oder von seinem Orden versetzt worden, und das Schlusskapitel sei von anderer Hand hinzugefügt worden[9]. Da wir über keine weiteren Zeugen verfügen, muss die Frage dahingestellt bleiben.

Die vorliegende Übersetzung geht von dem Text aus, wie Paul Gerhard Schmidt ihn herausgegeben hat (mit ganz wenigen Ausnahmen, wo eine Textvariante bevorzugt wird), ohne die Wahrhaftigkeit der Erlebnisse Margaretas zu diskutieren.

Im Verlauf des Textes werden die didaktischen Teile häufiger und länger, sie durchsetzen die *vita* wie Mini-Abhandlungen, und die Kapitel werden länger.

Bruder Johannes schreibt ein etwas schwerfälliges Latein mit langen Sätzen und vielen Wiederholungen und Hyperbeln. Die vorliegende Übersetzung versucht, einen Teil davon wegzulassen, um den modernen Leser nicht zu ermüden, aber genügend davon wiederzugeben, damit er sich ein Bild von dem Stil des Originals machen kann. Zu lange Sätze werden in Teile zerlegt, die durch Semikola getrennt sind. Die meisten ‚und' am Anfang eines Satzes

---

[9] „'Margareta Contracta' eine Magdeburger Mystikerin des 13. Jahrhunderts", S. 191.

sind weggelassen und hyperbolische Ausdrücke zum Teil vereinfacht.

Der Kontext

Bruder Johannes ist Dominikaner. Der Orden hat sich 1230 in Magdeburg niedergelassen. Die älteste Handschrift wurde auf 1270 datiert. Daher muss das Leben Margaretas in diesem Zeitraum liegen. Sie ist damit eine Zeitgenossin Mechthilds von Magdeburg[10], aber die *vita* erwähnt sie nicht, so wenig wie Mechthild Margareta in ihrem Werk erwähnt, jedenfalls nicht direkt. Es gibt aber mehrfache Parallelen zwischen den beiden Werken, die in einer zukünftigen Studie ausgearbeitet werden sollen, insbesondere der Wunsch der beiden Frauen, aus Liebe zu Gott in die Hölle zu kommen.

Es gab in dieser Zeit eine starke religiöse Bewegung, die Klostergründungen waren zahlreich und daneben existierten die Beginen und die Reklusen[11].

---

[10] Textkritische Ausgabe ihres Werkes : Hans Neumann, *Mechthild von Magdeburg >Das fließende Licht der Gottheit<*, Band I und II, München, Züich: Artemis-Verlag 1990 und 1993 (französische Übersetzung: Mechthild de Magdebourg, *La lumière fluente de la Divinité*, traduit du moyen-haut allemand par Waltraud Verlaguet, Grenoble : édition Jérome Million 2001).

[11] Siehe unter anderen: Herbert Grundmann, *Religiöse Bewegungen im Mittelalter*, Hildesheim: Georg-Olms, 1961.
In meiner Arbeit über Mechthild von Magdeburg habe ich diesen historischen Kontext näher erläutert: Waltraud Verlaguet, *L'éloignance. La théologie de Mechthild de Magdebourg (XIIIe siècle)*, Bern : Peter Lang 2005, Kapitel 3, Seite 39. Auf deutsch ist dazu ein Artikel erschienen : Waltraud Verlaguet, „Mechthild

Margareta

Sie wird *contracta* genannt. Sowohl Weiss als auch Lewis und Ruh[12] bezeichnen sie als gelähmt. Dies scheint aber problematisch, denn, wenn der Text auch von gelegentlichen Lähmungserscheinungen spricht, so scheinen diese nicht dauernd vorzuliegen. Sie soll in ihrem ersten Lebensjahr von dieser Krankheit heimgesucht worden sein. Später drehen sich die Leute auf der Straße nach ihr um und belachen sie als Monster. Sie hat starke Schmerzen und Schwierigkeiten, ihr alltägliches Leben zu meistern. Johannes spricht des öfteren von ‚ihrem armen, kleinen Körper'. All das lässt eher an eine Krankheit der Knochen und/oder Knorpel denken. Eine niederländische Handschrift aus dem 17. Jh. bezeichnet sie als *cruepele*, Krüppel[13].

Mit zwölf Jahren entschließt sie sich, Rekluse zu werden. Im Mittelalter ist dies das normale Alter für eine solche Entscheidung. Aber aufgrund ihrer körperlichen Verfassung kann sie keine normale Rekluse sein. Sie braucht Hilfe für ihr tägliches Leben und kann auch die asketischen Übungen, die Reklusen normalerweise für andere durchführen, nicht auf sich nehmen. Sie ersetzt letztere daher durch innere Abtötung, und dies ist ein entscheidendes Merkmal dieser Schrift.

---

von Magdeburg: schriftliche Mündigkeit und Abstiegsmystik", in: Irmtraud Fischer (éd.), *Theologie von Frauen für Frauen ?*, Wien: Lit-Verlag, 2007, p. 323-327.

[12] Kurt Ruh, *Geschichte der abendländischen Mystik*, Band 2, S. 125ss.

[13] Schmidt, *op.cit.* S. XVIII.

Sie scheint aus einer armen Familie zu kommen, was erklären könnte, warum sie nicht in ein Kloster geht, was ihrer Verfassung besser angepasst gewesen wäre, aber dann hätte sie wohl eine Mitgift gebraucht. Sie verdankt ihre Überführung in ein Kloster gegen ihr Lebensende der Berühmtheit, die sie inzwischen erreicht hat.

In armseligen Verhältnissen groß geworden, dürfte sie auch keine intellektuelle oder religiöse Erziehung genossen haben. Ihre Aussagen sind umso überraschender, auch wenn diese natürlich als Resultat eines Austausches mit Bruder Johannes verstanden werden müssen.

Im Lauf des *vita* lassen sich drei, allerdings unscharf voneinander getrennte Etappen ihrer geistlichen Entwicklung ausmachen, die der Tradition entsprechen: Reinigung durch Reue und Askese, Erleuchtung, die immer als Kenntnis bezeichnet wird, und Vollkommenheit, die bei Margareta eine Art innere Ruhe ist. Sie erlebt wohl Momente einer *unio* mit Gott, nach denen ihr Körper völlig kraftlos bleibt (Kapitel 58, 67 und 68), aber ohne die brautmystischen Erlebnisse anderer Zeitgenossinnen, insbesondere Mechthilds von Magdeburg.

Johannes schreibt in der Vergangenheitsform, als ob Margareta schon tot wäre. Aber er beschreibt ihren Tod nicht, was in diesem Fall verwunderlich wäre, denn der Tod einer möglicherweise heiligen Person ist von besonderer Wichtigkeit für die damaligen Autoren. So sagt Gott Kapitel 57 bezüglich ihres Todes: „große Dinge werden an diesem Tag geschehen". Kapitel 43 schreibt Johannes, dass zu dem Zeitpunkt, bei dem er gerade angelangt ist, Margareta noch nicht ins Kloster übergesiedelt hatte, wo sie sterben sollte. Heißt das, dass Bruder Johannes von ihrem Tod in der Vergangenheit spricht, oder dass es vorgesehen war, dass sie dort sterben sollte? (Im Text steht, dass sie denkt, im Alter Christi zu sterben, das heißt mit 33 Jahren.) Ist er vor ihr gestorben? In diesem Fall wäre seine Schreibarbeit vorzeitig abgebrochen worden. Diese Schrift endet aber mit einer Ermahnung an den Leser und einem Amen, das ihr Ende anzeigt. Ohne weitere Zeugnisse ist diese Frage wohl unentscheidbar.

Ihre Besonderheit

Die Bedeutung der inneren Abtötung wurde schon erwähnt. Ein besonderes Merkmal dieser Schrift ist aber insbesondere ihre Vorstellung einer Erlösung aus reiner Gnade ohne das Zutun der Werke. Das ist für diese Zeit ungewöhnlich. Johannes sagt, dass sie nichts verdienen und mit Christus nicht handeln wollte. Verdienstvolle Werke werden wohl beschrieben, aber immer mit dem Zusatz, dass alles, was gut ist, allein Gottes Werk ist im Menschen. Dieser Punkt verdient es ebenso, näher untersucht zu werden[14]. Weiss geht davon aus, dass aus diesem Grund die Schrift nicht von den Bollandisten während der Gegenreform in ihre *Acta Sanctorum* aufgenommen wurde[15].

Alle Überlegungen in dieser *vita* gehen von dem Leiden Margaretas aus. Letztere findet einen Sinn für dieses Leid, indem sie ihm die Rolle zuschreibt, Gottes Lob zu dienen. Etwas für Gott tun zu können, erfüllt sie mit Trost, wie es

---

[14] Waltraud Verlaguet, „Le salut par la grâce au XIIIᵉ siècle. Une lecture de la *Vita de Margareta contracta* en regard de Mechthild de Magdebourg", *Etudes théologiques et religieuses* Nr. 3, 2023, S. 321-341.
[15] Weiss, *op.cit.* S. 175.

dem damaligen Verständnis entspricht, und dieser erfüllt sie mit Dankbarkeit; sie kann aber in diesem Zustand relativer Zufriedenheit nicht bleiben, denn, da es das Leid ist, das Gottes Lob erhöht, verwandelt sich jeder positive Zustand sofort in Leid. So wiederholt Bruder Johannes immer wieder das Umschlagen von einem dieser Zustände in den nächsten, was man als Teufelskreis ansehen könnte; es handelt sich aber eher um eine Spirale, die zwar immer wieder diese Zustände durchläuft, aber bei jedem Umlauf zu einem besseren Verständnis führt bis zum Endstadium, wo sie inneren Frieden findet. Dann aber, anstatt sich zu verachten, verachtet sie, verachtet zu werden, und zwar durch eine subtile Überlegung: wenn es für ihr Heil gut ist, verachtet zu werden, so müssen die, die sie verachten, dafür logischerweise Fegefeuer- oder Höllenstrafen ernten; da sie aber das Heil der anderen mehr wollen muss als ihr eigenes, darf sie nicht mehr wünschen, verachtet zu werden.

Diese ganze Dynamik dreht sich um ihr ‚Begehren'. Im Kapitel 53 heißt es, dass sie ihr ganzes Leben nichts anderes war als Begehren. Trotzdem sind wir hier weit entfernt von der Brautmystik, von der wir nur einzelne, sehr schwache Anzeichen in diesem Text finden.

Masochistin ?

Ihr Appetit für Schmerzen könnte von einem modernen Leser als Masochismus interpretiert werden; ebenso könnte Gott, der diese Schmerzen schickt, als Sadist bezeichnet werden. Dann vergisst man aber, dass es in dieser Zeit keine Krankenversicherung gab; es gab kein Heilmittel gegen solches Leid. Der einzige Weg, darüber nicht den Verstand zu verlieren, bestand darin, einen Sinn dafür zu finden. Margareta hat ihn in der *imitatio Christi* gefunden, die zu der Zeit sehr beliebt war: leiden wie Christus verlieh dem Menschen praktisch den Status eines Mit-Erlösers. Mehrere Stellen in dieser *vita* können so verstanden werden.

Ihre Selbstverachtung geht einher mit der Gewissheit ihres Erwähltseins; sie sieht sich an manchen Stellen sogar höher als die Jungfrau Maria. Der ganze Text ist durchlaufen von diesem Hin und Her zwischen Demut und Selbstsicherheit. Übertriebene Demut könnte Gottes Herrlichkeit schaden, denn es wäre ungerecht von Gott, und daher nicht lobenswert, eine demütige Seele nicht zu ehren. Andererseits wird ihre Erwählung immer wieder als unverdient ausgewiesen. Sie kann daher nicht zu Hochmut führen. Trotzdem lässt die Art und Weise, wie Margareta sich manchmal an Gott wendet, wenn sie ihn zu gewissen Handlungen ‚zwingt', den modernen Leser perplex. Dabei duzt sie Gott, während sie Johannes siezt. Gott duzt sie ebenfalls – während er im Werk Mechthilds letztere siezt.

Besondere Ausdrücke

Zwei Ausdrücke verdienen einen besonderen Kommentar. Zunächst *pietas*. Im klassischen Latein bezeichnet das Wort die Liebe des Sohnes zum Vater, und im weiteren Sinne zu einem Gott, daher unser Wort ‚Pietät'. Aber in horizontalen Beziehungen, zum Beispiel unter Freunden, übersetzt man es eher durch ‚Zärtlichkeit' oder ‚Hinwendung'. In dem Fall der *pietas* Gottes zum Menschen ist es hier meist als ‚Wohlwollen' übersetzt.

Dann der Begriff des Begehrens, *desiderare*. Er ist zentral bei Margareta und bezeichnet sowohl ihren Wunsch, sich

Gott zu nähern, als auch alles, was sie für sich oder andere wünscht. In letztem Fall wäre es besser mit ‚Fürbitte' zu übersetzen, aber um die Einheit des Begehrens beizubehalten, ist *desiderare* immer als solches übersetzt. Noch ein Wort über die Art und Weise, in der Johannes über Margareta schreibt. Ob es in seiner Lebensbeschreibung ist oder in den Worten, die er ihr oder Gott in den Mund legt, benutzt er oft männliche Begriffe, wie Sklave, Sohn oder *homo*, Mensch, hier meist mit ‚jemand' übersetzt. Es kommen natürlich auch weibliche Begriffe vor, wie Magd oder *paupercula*, armes Wesen, aber nie Frau oder Mädchen. Ihre Weiblichkeit wird in keiner Weise thematisiert.

Die Zitate

Paul Gerhard Schmidt hat in seiner Ausgabe alle Bibelzitate in Schrägschrift gesetzt und die entsprechenden Bibelstellen angegeben. Diese Markierung wurde hier beibehalten, wobei eine Fußnote jedes Mal angibt: M. (für Margareta), gefolgt von dem lateinischen Text der *vita*; V. (für *Vulgata* nach einer Ausgabe von 1837, also der alten Version, vor der Revision unter Johannes-Paul II, die also dem Text entsprechen dürfte, den Bruder Johannes vorliegen hatte[16]), gefolgt von dem lateinischen Text dieser Bibelausgabe; EÜ (für Einheitsübersetzung[17]), gefolgt von dem deutschen Text der entsprechenden Bibelstelle.

---

[16] *Biblia Sacra Vulgatae Editionis*, Editio Nova, Paris: Editions Gauthier 1837.
[17] *Die Bibel. Elnheitsübersetzung*, Freiburg, Basel, Wien: Herder 1980.

Der Text

Kapitel 1.

In der Stadt Magdeburg lebte eine Person namens Margareta, die Gott besonders auserwählt hatte als sie noch kein Jahr alt war. Als Zeichen ihrer Erwählung wurde sie in ihren Gliedern gegeißelt. Gott handelte so, um sie zu beschützen, wie man einen kostbaren Schatz in einem billigen Sack versteckt. Diese Person hat selbst während ihrer Kindheit nichts Böses getan. Gott, der sie erwählt hatte, gab ihr reichlich von seinem Erbe, das er selbst auf Erden für sich gewählt hatte; das waren: Leid, Verachtung und Armut.

Kapitel 2.

Als sie ins Alter der Vernunft kam und sich dieser kostbaren Erbschaft bewusst wurde, fing sie an, diese zu lieben (Ps 118,127)[18] *mehr als Gold und Topaz.* Sie war Gott so dankbar für dieses Erbe, dass ihr Herz es nicht ertragen konnte und sie unter dieser schweren Last kaum atmen konnte. Wenn sie es schon im Mutterleibe erhalten hätte, hätte sie dafür nicht dankbarer sein können.

Ihre Mutter hielt zu Hause eine arme Blinde, die, wie Margareta, regelmäßig zur Kirche ging. Unsere Behinderte führte die Blinde, während die Blinde die Behinderte unterstützte. Wenn sie über den Platz gingen, begafften die Leute die Behinderte wie ein Monster und riefen unter Lachen: „Seht nur dieses große Wunder, die Krüppelin

---

[18] M. : « *super aurum et topazion* ». V. *idem* ; EÜ: „mehr als Rotgold und Weißgold".

führt die Blinde!" Vor Überraschung (Spr. 19.16)[19] *achteten* die Arbeiter mit ihren schweren Säcken auf den Schultern *nicht auf ihre Wege* sondern blieben stehen, um nach ihr zu sehen. Einmal sagte sie zu ihnen: „Was steht ihr da und gafft? Ihr seht doch nur Märtyrer Gottes; achtet lieber auf Eure Wege." Aber bei all diesen Gelegenheiten war sie fröhlich.

Kapitel 3.

Im Alter von ungefähr zwölf Jahren, wenn sie sah, dass ihre Mutter nachlässig war, rief sie sie zur Ordnung. Wenn ihre Mutter sie dann vor Wut schlug, erduldete sie es geduldig. Zum Schluss gewann sie ihre Mutter durch ihr Vertrauen und ihre Gehorsamkeit in allem. Inspiriert von Gott ermutigte diese ihr armes Kind zum Dienst an Gott. Trotz großer körperlicher Schwachheit behielt Margareta immer ihren guten Willen. Die Arbeit, die sie leistete, war sehr anstrengend für sie und sie freute sich darüber, dass Gott ihr solch große Pein bescherte. Sie wollte sich von der Welt zurückziehen und Gott an einem einsamen Ort dienen, aber sie fürchtete, als Rekluse oder Nonne von den Menschen, den Eltern und den Freunden nicht mehr verachtet zu werden. Dieses Dilemma brachte sie in innere Not. Als sie sich endlich entschloss, Rekluse zu werden, geriet sie in große Angst, obwohl sie dies sehr wünschte.

Sie hatte Angst, weil sie sich vor den Leuten wie eine Rekluse benehmen musste, aber nicht imstande war, die

---

[19] M. : « *negligentes viam suam* » ; V. : « *qui autem negligit viam suam* » ; EÜ: „wer seine Wege verachtet (muss sterben)".

Arbeit zu verrichten[20], die von einer solchen erwartet wird, außer derjenigen, zu welcher Gott sie nach ihrem Verlangen ermächtigte. Sie wünschte daher brennend, dass Gott es ihr ermöglichen möge, durch innere Anstrengung die fehlende äußere Arbeit zu ersetzen. Sie hatte die Güte Gottes noch nicht voll erkannt; sogleich gab Jesus ihr seine Mutter, die selige Jungfrau Maria, um ihr die Wahrheit zu zeigen; nicht etwa den heiligen Petrus oder einen anderen Heiligen, sondern seine sanfte, liebe und herrliche Mutter, die sich des armen Mädchens annahm und sie unterwies; sie ließ sich herab, ihre Lehrerin[21] zu werden und sie die klarste Wahrheit zu lehren. Die glückliche Schülerin der seligen Lehrerin wünschte sehr, von Jesus Christus, deren Sohn, für würdig befunden zu werden, die wahre Reue zu erhalten. Dieser erhörte sofort ihre Bitte und verlieh ihr eine solche Reue, dass kein Mund sie beschreiben könnte. Nicht die gewöhnliche Reue der Menschen, die diese für den Verlust der Gnade oder aus Angst vor den Höllenstrafen empfinden, sondern weil sie Gott nicht dafür geliebt noch gelobt hatte, sie so früh erwählt zu haben. Die Reue der anderen Menschen erhält Trost, da sie das ewige Leben erhoffen, Gnade und Vergebung der Sünden und aller Pein; aber Margaretas Reue wurde durch nichts getröstet, denn sie verstand das Unverständliche, nämlich das Lob Gottes.

Wie sehr sie sich selbst verachtete, jetzt, wo sie sich von der Verachtung durch andere zurückgezogen hatte, das

---

[20] nämlich Bußübungen und Fürbitte für andere; zur Funktion der Reklusen, s. A.B. Mulder-Bakker, *Lives oft he Anchoresses*; Id. „Lame Margeret of Magdburg: the social function of a medieval recluse".

[21] *doctrix et magistra.*

lässt sich nicht beschreiben und bleibt dem, der es nicht erlebt hat, völlig unverständlich. Diese Verachtung war dergestalt, dass sie keinerlei Anerkennung für sich selbst wünschte, sondern nur für ihren geliebten Jesus Christus, der sie zu seiner Herrlichkeit geschaffen hatte; und diese Herrlichkeit bestand darin, den Armen und Verachteten gnädig zu sein. Sie erkannte ganz klar, dass Gott alles zu seiner Herrlichkeit geschaffen hatte, sowohl den Himmel als auch die Hölle. Und sie verachtete sich so sehr, dass sie zu Ehren Gottes und aus Liebe zu ihm eher die Hölle als den Himmel gewählt hätte, wenn beides nur gleichermaßen Gott gefallen hätte. Sie war so sehr an Schmerz gewöhnt, dass er ihr nicht mehr als Schmerz erschien und dass ihr überhaupt nichts mehr als schwer erträglich erschien, wenn es nur dem Lob Gottes und seiner Herrlichkeit diente; aus dieser übergroßen Selbstverachtung heraus wünschte sie sich (1.Kor. 7.37)[22] und *beschloss in ihrem Herzen*, dass anstatt der Gnade, die ihr widerfuhr, sich an ihr die Gerechtigkeit Gottes offenbare.

Alle lieben die Barmherzigkeit, nur wenige lieben die Gerechtigkeit; Margareta liebte sowohl die Gerechtigkeit als auch die Barmherzigkeit, denn Gott ist für beide gleichwohl lobenswert.

Sie beichtete immer mit einem großen und reinen Schmerz ihres Herzens und unter vielen Tränen. Sie übertrieb ihre Sünden, als hätte sie alle Sünden der Welt begangen, denn sie betrachtete die Wohltaten Gottes, die ihr so groß erschienen, und klagte sich einer extremen Undankbarkeit an trotz der Geringfügigkeit ihrer

---

[22] M. : « *statuit in corde* » ; V. *idem* ; EÜ: „wer also in seinem Herzen entschlossen ist".

Verfehlungen. Ihr Schmerz und ihre Reue waren so groß in ihrem Herzen, dass dieses nur durch ein Wunder nicht brach. In dieser Reue blieb sie zwei Jahre lang. Nichts konnte sie trösten. Als der Herr diese Situation nicht länger aushielt, tröstete er sie und sagte:

„Warum bist du so traurig? Es dient meinem Lob, dich in deiner Dummheit geduldet zu haben und niemand darf daran zweifeln, dass ich dich vor jedem Makel bewahrt habe."

Da erfüllte eine solche Dankbarkeit ihr Herz, als ob sie schon im Mutterleibe geweiht worden wäre, denn Christus offenbarte ihr, dass er ihr erlaubt hatte, zu sündigen, weil er große Dinge mit ihr vorhatte und damit sie so in Demut verharre und (*cf.* 5.Mose 17,20)[23] *nicht hochmütig werde* und besser Mitleid habe mit den Sünden der anderen. Ihre Reue war so groß, weil sie klar erkannte, wie die Güte Jesu Christi in ihr wirkte; hätte sie etwas Gutes für sich gewünscht, hätte er ihr Schuld und Strafen erlassen, selbst wenn sie die Sünden aller Menschen der Erde begangen hätte. Wenn sie sicher war, dass ihre Schuld vergeben war, sang sie spontan sein Lob. Sie bedachte nicht nur, was sie getan hatte, sondern auch alles, was sie hätte tun können, wenn Christus sie nicht in seiner Barmherzigkeit behütet hätte. Sie dachte, dass Jesus Christus sie von allem bewahrt hatte, das sie daran hätte hindern können, ihn zu loben. Sie war genauso niedergeschlagen wegen der Sünden, die sie nicht begangen hatte, wie derentwegen, die sie begangen hatte.

---

[23] M. : « *non in superbiam levaretur* » ; V. : « *Nec elevetur cor ejus in superbiam* » ; EÜ: „sein Herz nicht über seine Brüder zu erheben".

Kapitel 4.

Sie hielt sich für einen Abgrund ohne Ende, denn der Mensch ist so schwach, dass er, würde er ewig leben, ewig sündigen würde und, sich selbst überlassen, ewig fallen würde. Daher war ihr Herz ein Abgrund der Demut. Sie verachtete sich so sehr, dass sie nicht wollte, dass Christus sie tröstete oder sie seine Nähe spüren ließ, solange sie nicht zuvor besser gereinigt war. Jedes Mal, wenn sie sich vor Gott hielt, stand die selige Jungfrau Marie, ihre glorreiche Lehrerin, als Anwältin vor ihrem Sohn und tröstete ihre Schülerin, indem sie sagte (Matth. 9,5)[24] : *„All Deine Sünden sind dir vergeben."* Margareta wurde daraufhin traurig, denn sie wusste wohl, dass sie niemals des Dienstes für Christus völlig würdig sein werde. Sie empfing ein brennendes Begehren, das Christus ihr eingab, denn ohne diese Gnade hätte das Fleisch es nicht ertragen können. Dieses Feuer durchdrang Mark und Bein, sodass sie zu Recht mit dem Propheten Jeremias sagen konnte (Klagel. 1,3)[25] : *„Er hat das Feuer des Himmels in meine Knochen gesandt"* und (Jer. 20,9)[26] : *„ich vergehe, ich kann es nicht ertragen."* Ihre Haut wurde so heiß, dass sie schrumpfte wie Leder, das man ans Feuer bringt. Und ihre Kleider wurden so heiß, dass sie es kaum ertragen

---

[24] M. : « *Peccata tibi* omnia *sunt dimissa* » ; V. : « *Dimittuntur tibi peccata tua* » ; EÜ: „deine Sünden sind dir vergeben".

[25] M. : « *Ignem de excelso misit in ossibus meis* ». Schmidt gibt Klagel. 1,3 an, aber die Stelle findet sich Vers 13 : V. : « *De excelso misit ignem in ossibus meis* » ; EÜ: „aus der Höhe sandte er Feuer in meine Glieder".

[26] M. : « *defeci, ferre non sustinens* » ; V. *idem* ; EÜ: „ich quälte mich, es auszuhalten, und konnte es nicht".

konnte. Nachdem dieses Brennen einmal angefangen hatte, hat diese Inbrunst sie nie mehr verlassen, sie war nur mehr oder weniger stark. Gott selbst schürte dieses Feuer und fachte es an, wann es ihm gefiel. Und Gott selbst war in dem Feuer. Der größte Schmerz dieser Hitze war ihr so süß, dass ein Herz keine süßere Freude ersinnen könnte.

Da sie sich sehr über diese Hitze wunderte, begriff sie in ihrem Herzen, dass diese der inneren Reinigung ihrer Seele dienen müsse, um sie auf die Erkenntnis vorzubereiten. Wie sehr ihre Seele in dieser Inbrunst nach dem Lob Gottes dürstete, ist unerklärlich und unbeschreiblich für den Nicht-Eingeweihten. Sie begann, zu wünschen, dass Gott ihr größere Schmerzen auferlege als irgendjemandem sonst, und weniger Belohnung als die, die je einem Menschen gewährt wurde. Sie wünschte sich weder diese Schmerzen, um dadurch eine größere Belohnung im nächsten Leben zu erhalten; noch weniger Tröstung, um dereinst mehr Trost dort zu erhalten. Nein, sie wollte nichts verdienen und nicht mit Christus handeln; im Gegenteil, sie wünschte, dass die Gnade Gottes, die sie im Himmelreich erhalten sollte, ihm angenehmer sei, und damit Jesus Christus von den anderen Heiligen ein besonderes Lob dafür erhalte, dass er sie in diesen Schmerzen stärkte.

Sie verachtete nicht die Tröstung, denn sie wusste, dass niemand darauf verzichten kann. Aber sie kümmerte sich nicht um spirituelle Freuden wie viele andere. Da Gott ihr mehr Schmerz schickte als anderen, wollte sie diese ohne Tröstung ertragen, damit Christus dadurch besonderes Lob erhielte. Da sie sich nicht mehr um sich selbst sorgte und jeder Tröstung entsagte, wünschte sie, dass Gott sie der heiligen Kirche als Trost und Hilfe für andere gebe, damit all ihre Wünsche und Taten dem Heil der Kirche dienten. Sie war tief davon überzeugt, dass sie all diese Schmerzen für das Lob Gottes und das Heil der Kirche ertragen müsse und könne und nicht für ihre eigenen Sünden. Denn sie wollte, dass die Vergebung ihrer Sünden einzig der Güte Gottes zuzuschreiben sei. Sie erachtete den Schmerz, den Gott ihr danach schickte, als das größte Geschenk und nahm ihn als solches an.

Mit diesem Leid, das sie als große Gnade erachtete, musste sie Gott für die Gnade der Vergebung danken – wie einer, der vom Pranger befreit wurde und der jetzt nicht mehr als Sklave dienen muss, um diese Befreiung zu erwerben, sondern nur dafür dankbar sein muss. Sie wollte nicht vor den Leuten leiden, als ob dies sie vor Christus würdiger erscheinen ließe, sondern dass alles Gottes sei, so als leide Gott in ihr. Sie war glücklich und dankte Gott, dass er sie so strafte, dass ihre Seele aus extremer Dankbarkeit zu nichts würde – wenn dies möglich wäre.

Kapitel 5.

Je nach Stärke ihres Begehrens und des Feuers, stieg ihre Dankbarkeit und wurde vorherrschend. In diesem Begehren begriff sie in subtiler Weise, was das Himmelreich sei. Sie sprach zu sich selbst:

„Woher kommt es, dass es so schön ist, dieses Leid für Christus zu tragen? Wie wird es dort sein, wo es kein Leid mehr gibt, ja nicht einmal mehr ein Andenken an das Leid, um die Seele zu quälen?"

Tagsüber wurde sie von der Liebe gequält, nachts war ihr Schmerz so besonders und so stark, dass ihr eine Stunde Schlaf wie eine ganze Nacht vorkam. Einmal hatte sie

nachts eine Vision, in der sie drei Arten von Leid sah: sie erlitt das leichteste davon als dies zu ihr sprach:
„Du bist perfekt in der Liebe, aber Du wirst nie wirklich ohne Sünde leben können. Daher bin ich dir gegeben, um dich nachts zu reinigen, denn ich habe schon viele so gereinigt."
Christus ließ sie in diesem extremen Leid als wollte er sagen: „Ich will nur Deine Treue auf die Probe stellen."
Und da ihre Seele so litt, war ihr Körper so niedergeschlagen, dass sie zu schwach war, irgend etwas zu tun; es war, als wenn sie sterben sollte, aber ihre Seele hielt immer den Lebenswillen wach.

Kapitel 6.

Christus hat ihr drei Dinge gezeigt, als wenn er sagen würde: „so sollst du sein." Erstens gab es keinen noch so großen Schmerz, der sie je ungeduldig gemacht hätte. Das kam daher, dass sie Jesus Christus gehörte und er mit ihr machen konnte, was er wollte. Zweitens war sie nie so vorwitzig, sich aufgrund erhaltener Gnadengaben als etwas Besseres zu fühlen. Wieso? Weil alles, was gut war, allein ein Gnadengeschenk Jesu Christi war. Sie wollte daher nichts Gutes als ihr eigenes ausgeben, noch an Gottes Herrlichkeit teilhaben, sondern ihm geben, was ihm gehörte. Drittens wollte sie nie (Apg. 25,18)[27] *jemanden anklagen* (5.Mose 1,17)[28], denn *das Gericht ist*

---

[27] M. : « *malum de aliquo suspicari* » ; V. : « *... de quibus ego suspicabar malum* » ; EÜ: « brachten die Kläger keine Anklage... vor ».
[28] M. : « *quia Dei est judicium* » ; V. : « *quia Dei judicium* est » ; EÜ: „denn das Gericht hat mit Gott zu tun".

Gottes, der (2. Chron. 6,30)[29] *allein das Herz des Menschen kennt.* Sie aber kannte keines Menschen Herz.

Kapitel 7.

Jesus Christus hat jemandem, der Margareta nie gesehen hatte, eingegeben, sich ihrer anzunehmen. Dies geschah gemäß dem Willen Gottes allein, und nicht aufgrund irgendeiner vorherigen Bekanntschaft. Dieser hat ihrem Leben eine Regel[30] gegeben, wie er dachte und konnte. Er sagte zu ihr, er wolle von jetzt an ihre Regel sein. Keiner von beiden hat zu der Zeit gesehen, dass es der Wille Gottes war, dass er ihr Beichtvater sei. Dass dies aber so dem göttlichen Plan entsprach, wurde ihm zwei Jahre später offenbart: so wie Christus seine Mutter, die selige Jungfrau Maria, jenem Johannes anvertraut hatte, so hat er Margareta diesem Johannes anvertraut. Dieser war ihr zunächst untreu, denn er ließ sie auf dem Kreuz des Leidens, wo sie sehr viel Reue litt. Nachdem sie aber viel gelitten hatte, hat Johannes sich verändert.

Nachdem sie lange gelitten hatte, wollte sie ihn sehen, um vielleicht etwas zu ihrer Tröstung zu hören; er kam, fand sie in schwerem Leid und sprach in unüblicher Weise zu ihr: „Was bedrückt dich?" Johannes kannte die Wunden ihres Herzens nicht, da er selbst so etwas nie erlebt oder gesehen hatte, obwohl er viele Christusdiener gekannt hatte. Er schimpfte sie daher und sagte:

---

[29] M. : « *corda hominum solus novit* » ; V. : « *tu enim solus nosti corda filiorum hominum* » ; EÜ: „denn du allein kennst die Herzen der Menschen".

[30] Jedes religiöse Leben musste nach einer vorgegebenen Regel geführt werden.

„In dir ist keine Hoffnung, denn du tötest dich selbst. Ob einer einen mit einem Schlag umbringt oder mit dreißig, es ist beides Mord. Du tötest dich selbst mit zu viel Tränen und zu viel Traurigkeit. Wenn du schnell von diesem Leben erlöst sein willst, dann nimm ein Beil und hau dir den Kopf ab."

Er sagte dies mit guter Absicht, denn er wollte sie damit von ihrem übergroßen Leid befreien. Er hatte sie nicht verletzen wollen und konnte sie mit der leichten Medizin des Drohens nicht heilen.

Margareta ließ diese Worte geduldig über sich ergehen, wandte sich an ihren lieben Jesus Christus, der sie verwundet hatte, und beschwerte sich bei ihm, nur er könne sie trösten, weil ihre Wunden Liebeswunden seien. Hätte man ihr gesagt, „aus Liebe zu Gott musst du in die Hölle", so hätte sie das nicht erschreckt. Denn das hatte ihr besagter Bruder schon oft gesagt. Aber es war nicht ein natürlicher Wunsch der Seele, um Leid zu bitten, geschweige denn die Hölle, man wünscht sich doch angenehme Dinge, süß und gefällig. Ihre Seele aber sehnte sich nach solchen Dingen, da sie praktisch die Natur der anderen Seelen hatte ablegen müssen, um sozusagen (Joh. 3,7)[31] *wiedergeboren zu werden* und ihre Freude in all dem zu finden, was andere verabscheuen. Sie sehnte sich nicht nach dem Höllenschmerz, weil etwa ihre Seele für das Leid geschaffen worden wäre, sondern weil es ihr nützlich war, dieses zu ersehnen. Denn, da sie den großen Kampf aufgenommen hatte, zu dem Jesus Christus sie inspiriert hatte, wusste dieser, dass sie von Anfang an Höllenqualen ersehnt hatte; und wenn das Schlimmste ihr

---

[31] M. : « *denuo nasci* » ; V. : « *opportet vos nasci denuo* » ; EÜ: „ihr müsst von neuem geboren werden".

erst einmal leicht erschien, jedes neue Leid und jede selbst schwere neue Pein musste ihr leicht erscheinen. Sie wusste, dass, egal, was Gott den Menschen an Leid und Verachtung schickt, dies alles aus seiner Liebe zu den Menschen kommt. Sie dachte aber, dass die meisten Gott zu wenig dafür loben, oder sich sogar dann von ihm verlassen fühlen. Daher wünschte sie, dass Jesus Christus in seiner Güte ihr all das auferlegen möge, was die andern nicht wollten, damit er nicht für diese Gaben ohne Lob bliebe. Denn für sie waren Armut, Verachtung, Leiden und dergleichen große Gaben.

Der genannte Bruder verschrieb ihr Fasten, Wachen und Beten, soviel er dachte, dass sie aushalten konnte. Sie führte all dies mit großem Begehren und bestem Willen aus, zählte dabei aber nicht auf ihre eigenen Kräfte, sondern einzig auf die Gnade Jesu Christi. Sie hielt dies Leben zwei Jahre lang durch. Danach wollte Jesus ihr eine ehrenwertere und mehr innere Aufgabe geben, nämlich ein extremes Begehren, Gott zu loben. Nachdem er ihr dies eingegeben hatte, befreite er sie völlig von äußerer Askese. Denn durch dies große Begehren nach Gottes Lob wurde ihr Körper derart geschwächt, dass sie keine körperliche Anstrengung mehr aushalten konnte.

Jesus Christus handelte nicht so, weil er nicht imstande gewesen wäre, sie zu trösten, aber damit sie immer ein armes Wesen bliebe; sie durfte keinerlei Tröstung durch irgendwelche Werke oder sonst irgend etwas erfahren, sondern nur durch ihn allein. Jesus Christus wollte nicht, dass sie ihm diene, sondern er wollte ihr dienen, denn alle ihre Werke waren sein Werk. Jesus Christus kam oft in ihr Herz mit brennender Liebe et verzehrte alle ihre Kräfte, wie ein Prinz, der in das Haus eines Armen kommt und alles verzehrt, was dieser besitzt. Sie wünschte sehr, dass er ihr jegliche Tugend und jegliche körperliche Kraft nehme, damit Gott allein durch ihre Werke gelobt werde, da sie ja von sich aus keine Werke verrichten konnte, sondern nur durch die Gnade Jesus Christi allein.

Kapitel 8.

Danach empfand sie zum ersten Mal eine gewisse Angst, denn sie fragte sich, wie sie denn bei so großem Leid bis zu ihrem Tod durchhalten konnte. Aber Jesus Christus, ihr lieber Tröster, hat sie gestärkt. Denn er sagte zu ihr: „Fürchte dich nicht, denn ich habe dir so viel Kraft gegeben, dass du tragen kannst, was sonst noch nie jemand hätte tragen können. Und ich werde dir so viel Weisheit geben, dass du verstehst, warum du es tragen musst. Und ich werde dir eine so große Liebe geben, dass du es wirst tragen können, ohne je zu ermüden."

Da betete sie inbrünstig:

„Jetzt, allmächtiger Gott, da du mir jede Körperkraft genommen hast, gib meiner Seele die Kraft, zu deinem Lob alles zu tragen, was ein menschliches Herz tragen kann. Und gib mir zu verstehen, Herr, was alles deinem Lob dient."

Kapitel 9.

Da zeigte er ihr in ihrem Herzen wie er (Joh. 14,6)[32] *der Weg, die Wahrheit und das Leben* ist, und wie sie ihm auf dem Weg folgen müsse, den er selbst gegangen war; auf diesem Weg zeigte er ihr die wahre Wahrheit und was die Regel ihres Herzens sein solle. Da sah sieh mit ihren geistlichen Augen Christus auf dem Kreuz und verstand

---

[32] M. : « *via, veritas et vita* » ; V. : « *(Ego sum) via, et veritas, vita* » ; EÜ: „(Ich bin) der Weg und die Wahrheit und das Leben."

das Geheimnis des Kreuzes: In der Tiefe des Kreuzes begriff sie die Demut Christi, eine solche Demut, wie sie nie jemand hatte erreichen können oder würde je erreichen können. Dies konnte man daran sehen, dass er den einen Fuß auf den anderen gelegt hatte. Durch dieses Beispiel lehrte er sie, ein Abgrund der Demut zu werden und seine Demut nachzuahmen.

Die ausgestreckten Hände bedeuteten ihr die große Liebe Christi, mit der er die ganze Welt umfasst. Dadurch lehrte er sie, ihren Nächsten sowie die ganze Welt zu lieben.

Die Höhe des Kreuzes bedeutete ihr die Kenntnis und das Begehren nach dem Lob Gottes, die Jesus Christus ihr übervoll eingeben werde.

Aber in welcher Weise ihre unsagbare Demut sich verwirklichen würde, sowie ihre große Treue gegenüber der ganzen Welt und ihr unbeschreibliches Begehren nach dem Lob Gottes, das kann keine Zunge erzählen noch die ganze Welt beschreiben. Aber wie ein Tropfen Wasser nichts ist im Vergleich zum ganzen Meer, so ist das, was man darüber sagen oder schreiben kann, im Vergleich zur Wahrheit; diese wurde mehreren durch sie offenbart, wie es später in diesem Buch geschrieben steht.

Wo immer sie ihre Treue durch Werke beweisen konnte, drückte sie sich nicht. Sie hat sich oft um große Sünder gekümmert und hat sich große Mühe gegeben mit ihnen und für sie, um sie von ihren Sünden abzubringen. Sie suchte mit allen Mitteln Traurige, Arme und Leidende zu unterstützen. Sie konnte nämlich gut trösten und jeder, der getröstet werden sollte, wurde ohne Zweifel von ihr getröstet. Das Leiden aller war ihr Leid, und die Tröstung aller war ihr Trost. Sie fühlte sich nicht würdig, andere zu trösten; wie sehr sie sich dessen unwürdig fühlte, ist unaussprechlich. Da sie sich so unwürdig fühlte, war es eine Qual für sie, andere zu trösten. Aber sie hatte verstanden, dass es ihre Aufgabe sei, andere zu trösten, selbst wenn sie sich selbst in demselben Zustand befand und selbst großer Tröstung bedurft hätte. Sie wünschte immer, dass Gott ihr alle die schicke, die getröstet werden mussten, damit sie mit ihnen und für sie leide. Und Jesus Christus war ihr treu und sandte ihr viele. Aber diese Treue wurde ihr falsch ausgelegt von den Menschen und gegen sie gewandt, denn alle verachteten sie ungerechterweise, weil sie nicht ruhig sitzen blieb, wie andere Reklusen das normalerweise tun. Aber mit großer Dankbarkeit pries sie Jesus Christus ganz besonders für diese Verachtung. Denn Jesus Christus hatte sie überzeugt, dass er dadurch seine Treue beweise, indem er sie nämlich vor der Anerkennung der Menschen schütze. Denn diese bezichtigten sie, zu schwätzen und offene Tür zu führen. Zu dieser Zeit verstand sie nur dunkel die Güte Gottes, die sie erst später verstand. Sie wäre gerne ruhig sitzen geblieben, aber ihre Treue zu ihrem Nächsten zwang sie dazu, auf diese Weise weiterzumachen.

Kapitel 10.

Sie wurde von einem besonderen Dämon heimgesucht, der sie von ihren nützlichen Beschäftigungen abhalten wollte, der sprach in ihrem Herzen: „Was hält dich zurück? Liebtest du Gott, hättest du ein ruhiges Leben wie die anderen." Und oft fügte er hinzu:

„Warum die Augen schließen? Du bist für die Verdammung geschaffen, du stammst aus einem verdammten Geschlecht. Was willst du für Gott tun mit deinem Lob? Du bist ihm egal. Er tröstet dich nicht wie die anderen. Er schickt dir nur Leid. Du verzettelst dich in alle Richtungen. Wo sind deine guten Werke? Wo sind deine

Tugenden? Andere, die Gott gefällig sind, erhalten Gaben und Tröstungen, du aber verharrst immer in Traurigkeit und Leid. Das sind die Vorboten und der Beweis deiner ewigen Verdammung."

Kapitel 11.

Sie musste dies anhören, aber sie antwortete in ihrem Herzen:

„Ist es das, was du mir anbietest? Egal, was du mir anbietest, selbst wenn Gott mich verließe, ich würde ihn nie verlassen, selbst wenn er mich verleugnete und mich verdammte. Was immer du mir über ihn sagen kannst, ich will ihn trotzdem immer loben und um seines Lobes willen alles aushalten, was ich aushalte. Ich bin anderen Menschen als Hilfe und Stütze gegeben, damit sie selig werden, selbst wenn ich nach dem, was du sagst, selbst nie selig werden sollte."

Und sie fügte hinzu: „Also wirklich, Teufel, wenn ich in die Hölle komme, entweder du verlässt sie, oder ich bereite dir ein solches Bad, dass du es verfluchen wirst, dass ich dort bin!" Sie sagte ihm dies, weil sie sicher war, dass nichts sie jemals von Gottes Lob werde trennen könne. Es war, als wenn sie sagte: „In der Hölle werde ich Gott loben, und dieses Lob wird deine größte Qual sein." Nichts konnte sie je zur Verzweiflung bringen, denn sie erwartete keine Tröstung für sich selbst, sondern allein das Heil der anderen und das sehr reine Lob Gottes. Jesus Christus ließ sie lange und oft in diesem Kampf.

Kapitel 12.

Danach fing sie an, zu überlegen, was Gott in sie gelegt habe, und wie er gelobt werden könne in diesem Leben sowie im nächsten. Jesus Christus gab ihr sodann zu verstehen, dass es für ihn in diesem Leben kein größeres Lob gäbe als alle ihre Gebete und Wünsche zu erhören. Sie hatte den tiefen Wunsch, dass Gott, wenn er jemandem auf dessen Bitte hin seine Gnade gewährte, dies aufgrund ihres Begehrens tun möge. Sie war so mutig in diesem Begehren, weil sie niemals daran dachte, Christ um etwas zu bitten, das nicht seinem Willen entsprochen hätte, denn sie wollte immer ihren eigenen Willen dem göttlichen anpassen. Da sie an ihre eigene Unwürdigkeit dachte, bedeutete es für sie großes Leid, so viel von Gott zu begehren; sie tat es aber, damit Gott ein besonderes Lob dafür erhalte, dass er eine so arme Kreatur erhörte.

Kapitel 13.

Der, der ihr Gebet vervollkommnen wollte, lehrte sie, wie sie beten solle, denn es ist Gott, der den Wunsch danach eingibt und ihn dann auch erfüllen will. Fünf Eigenschaften braucht man zum Beten.

Zunächst müssen wir demütig beten, so als ob derjenige, der betet, völlig unwürdig sei, wirklich erhört zu werden.

Zweitens müssen wir unser Gebet mit Inbrunst an Gott richten.

Drittens muss man weise beten. Weise beten heißt, nie einen Trost für sich selbst zu wünschen, sondern nur das Lob, die Herrlichkeit und die Ehre Gottes.

Viertens soll man treu beten. Margareta betete treu, denn ihr einziger Trost war, erhört zu werden in dem, was sie für andere erbat für das Lob Gottes; sie ertrug gerne jedes Leid, das Gott ihr sandte, damit ein anderer getröstet werde durch die Erhörung ihres Gebetes zur Ehre Gottes.

Fünftens soll man mit Ausdauer beten. In diesem Gebet waren ihr Glaube und ihr Vertrauen so stark, dass ihr dessen Erhörung sehr viel weniger wichtig schien als ihr Gebet an den Gott allen Reichtums und aller Freigiebigkeit, seine Gaben großzügig an die Armen zu verteilen; und da er selbst das höchste Gut und allmächtig ist, ist alles, was er will, ein Leichtes für ihn. Aber sie war so schwach, dass sie sich immer vor einem zu großen Vertrauen zurückhalten musste, aber ihre Liebe und die Freude, die sie daran hatte, Gott zu loben, ließen sie nicht daran zweifeln, dass sie in allem erhört werde. Sie war sicher, erhört zu werden, aber wollte hier auf Erden nicht das Ergebnis ihres Gebetes sehen, nämlich die Gaben, die Gott anderen zuteil werden ließ aufgrund ihres Gebetes, denn der Hochmut könnte ihr Herz berühren und ihr Begehren könnte abkühlen.

Das Vertrauen in das Gebet muss so groß sein, dass, wenn jemand Gott um etwas bittet, er sicher ist und ganz ohne Zweifel, dass Jesus Christus ihn in Wahrheit erhört hat. Und wenn er später Gott nochmals um dieselbe Sache bittet, dann darf er nicht betteln, sondern muss Gott ermahnen an die Sache, in der er ja schon das erste Mal erhört wurde. Damit darf man nicht nachlässig sein; wenn wir unser Herz im Gebet zu Gott erheben und wir vertrauensvoll glauben, erhört zu sein, dann müssen wir sofort Gott dafür sehr dankbar sein als hielten wir schon in Händen, worum wir gebetet haben. Dann müssen wir Jesus Christus loben, als hätten wir es schon in unseren Kasten gelegt. Und wenn wir eine Sache, für die wir gebetet haben, nicht sofort erhalten, so muss sie uns desto lieber und kostbarer sein, wenn ihre Erfüllung hinausgeschoben ist, als wäre sie uns schon jetzt gegeben. Denn Jesus Christus, der treu alle Gebete erhört et der den, der da betet, schon gehört hat, wird ihm das, für was er betet, zu einer Zeit geben, wenn es für ihn am besten ist. Man gibt nur dann sofort eine Gabe, wenn es nicht gute Gründe gibt, es später zu tun.

Kapitel 14.

So betete Margareta, aber Gott hat sie oft völlig erhört, denn viele, die an Versuchungen litten, wenn sie für sie betete, wurden davon sogleich befreit. Ich, Johannes, habe dies mehrfach selbst erlebt. Ich muss sogar noch mehr sagen. Ich habe mehrfach in meinem Herzen gesehen, dass mir nichts schaden kann, solange sie auf Erden lebt. Gelobt sei Gott, unser aller Vater, der, um unserer Schwäche zu Hilfe zu kommen, uns, nicht nur mir, sondern auch anderen, eine so (Matth. 13,46) *kostbare Perle*[33] geschenkt hat. Jedes Mal, wenn jemand sie bat, für ihn zu beten, wollte sie Gott nicht alleine beten, selbst wenn sie größtes Vertrauen zu ihm hatte; sondern sie holte auch die selige Jungfrau Maria zu Hilfe, sowie alle Heiligen und andere Freunde mit der Bitte, sie in ihrem Gebet unterstützen zu wollen. Sie tat dies, damit die, die beteten, dadurch Jesus Christus ihre Treue bewiesen und dieser durch diese Treue besonderes Lob erhielte.

Margareta wusste, dass, wenn die ganze Welt Gott um etwas bitten würde, der erste, der dafür betete, sofort erhört und sein Wunsch erfüllt würde. Dass jeder, der danach um dieselbe Sache betete, trotz der Erhörung des ersten ebenfalls erhört und sein Wunsch erfüllt würde, wie der des ersten. Und selbst, wenn Gott den ersten schon erhört hatte, würde er trotzdem die Treue aller anderen respektieren und sie alle genauso erhören wollen, wie den ersten. Und dass die Treue jedes

---

[33] Es handelt sich hier um ein Wortspiel: *margarita* heißt 'Perle' auf latein.

einzelnen von Gott so sehr geschätzt werde, dass alle ihretwegen das erhielten, was sie sich wünschten. Aber dass der, der mit größerer Treue bete als die anderen, stärker sei vor Gott. Und derjenige, der betet, selbst wenn er denkt, er ist schon erhört, soll trotzdem nicht aufhören, zu beten, denn es gibt noch viele andere Angelegenheiten, für die man beten kann.

Kapitel 15.

Sie wünschte, dass all diejenigen, die Gott ihr als Freunde gibt auf Erden, selig würden und besonders auserwählt seien zu seinem Lob. Sie wünschte, dass, egal, was ihnen zustoße, wenn sie an Gottes Liebe zu Margareta appellierten, Gott sie von allem Leid befreie.

Sie wünschte, dass, was immer sie zu ihrem Heil erbeten, Gott sie wegen dieser Liebe in seiner Barmherzigkeit erhören möge. Sie dachte, dass die Liebe, die sie zu Gott hatte, groß sei, und dass er dieser Liebe und dieses Lobes würdig sei. Sie hatte in ihrer Seele eine noch größere Liebe begriffen und Gott hätte ihr diese gerne gewährt, aber eine menschliche Seele könnte dies nicht ertragen; das Wenige, was sie von der Größe der Liebe verstanden hatte, die Gott verdient hätte, war für eine menschliche Seele absolut nicht erträglich. Und da sie sich bewusst war, dass sie in diesem Leben niemals völlig umfassen konnte, was sie verstanden hatte, wünschte sie, dass diese Liebe im Moment ihres Todes vollständig sein möge und ihr Herz davon bräche.

Viertens wünschte sie, Jesus Christus möge in ihrer letzten Stunde zu ihr kommen. Sie wusste, dass sie zu unwürdig war, als dass der geringste Engel zugegen sei. Sie wollte auch nicht, dass diese Gnade ihr gewährt würde, als hätte sie sie verdient, sondern weil für Gott das Größte ebenso möglich ist wie das Kleinste, und damit Gott dafür gelobt werde, dass er, der Größte und der Höchste, zu einer so unwürdigen und verachtenswerten Person hinabstieg. Sie wusste, dass Gott umso mehr gelobt würde, als sie sich für unwürdig hielt, und sie hatte volles Vertrauen zu ihm.

Fünftens wünschte sie, dass Gott in ihr so sehr gelobt werde wie in jedem Lebewesen auf Erden. Sie wünschte dies, weil Gott sie besonders erwählt hatte. In der Menge der Gnadengaben, die sie schon erhalten hatte, sah sie den Beweis, dass Gott ihr ihre Sünden vergeben hatte und dass er sie davon abhalten würde, weitere zu begehen; und da er ihr so viel gewährt hatte, wie jedem anderen danach, zwang er sie, so viel zu begehren. Es wäre ihrer unwürdig gewesen, wenn sie beerdigt würde, ohne dass die große Gnade, die sie erhalten hatte, öffentlich bekannt gemacht worden wäre. Sie wünschte daher, dass Gott allen Heiligen, die je im Himmel waren und sein werden, die Gnade offenbare, die er ihr gewährt hatte, damit alle Gott dafür lobten und dafür besondere Gnade erhielten.

Kapitel 16.

Sie litt normalerweise dreifach. Zum ersten, weil sie wusste, dass sie sich nie vor allen Nachlässigkeiten werde hüten, noch Jesus Christus völlig treu sein können. Zweitens war sie unfähig, Gott so zu lieben, wie sie es sich gewünscht hätte. Drittens war sie unfähig, Gott so zu loben, wie es ihrem brennenden Begehren entsprach. Aber sie hätte es keinesfalls gewünscht, Gott vollständig loben zu können, denn das hätte bedeutet, dass der Mensch Gott begreifen könne und dieser daher wenig lobenswert sei.

Kapitel 17.

Einmal nahm sie den Leib des Herrn und wurde vor lauter Dankbarkeit in ein großes Gotteslob entrückt; ihr Leid wuchs dementsprechend und sie sagte zu Gott:

„Siehst du, Herr, dass ich völlig vergehe und dass (Klagel. 3,20)[34] *meine Seele in mir niedergeschlagen* ist durch mein zu großes Begehren, dich zu loben. Wenn du willst, finde einen Weg, mich zu trösten und zu befreien."

Gott antwortete ihr: „Du willst mich vollständig loben, kannst es aber nicht. Willst du nicht wissen, was für mich das größte Lob ist?"

Da sie es wissen wollte, litt sie noch mehr als vorher. Gott aber sprach:

„Mein größtes Lob ist, dass niemand trotz größter Anstrengung mich vollständig loben kann. Woher kommt das Leid des Herzens für die Seele, die Gott lobt? Von der großen Kenntnis der Güte Gottes, denn die große Gnade, die Gott der Seele gewährt, und die Erleuchtung führen sie zu der Pein des Lobens. Und je mehr Gnade Gott der Seele gewährt, desto weniger ist sie imstande, ihm dafür zu danken und ihn zu loben, denn sie sieht, wie schwach sie ist und wie unfähig, sich für die Gaben Gottes erkenntlich zu zeigen. Und so ist es denn das größte Lob Gottes, dass niemand ihn vollständig loben kann, denn er gibt alles umsonst und es gibt nichts, was wir ihm dafür geben könnten. Und je größer das Leid für das Lob Gottes ist, desto größer ist das Lob Gottes in dieser Seele. Je mehr sie danach hungert, desto mehr wird sie in Zukunft das Lob Gottes verstehen; soll sie reich werden, muss ihr viel gegeben werden."

---

[34] M. : « *et in me tabescit anima mea* » ; V. : « *et tabescet in me anima mea* » ; EÜ: „... meine Seele ... ist betrübt in mir."

Kapitel 18.

Wenn das Leid ihre Seele erfüllen sollte, so kam zuerst ein Feuer, das all ihre Glieder durchdrang und sie erfüllte. Und diese Feuerpein kam unangemeldet. Sie war dann so gebunden durch den Schmerz, dass sie kein Glied mehr rühren konnte. Saß sie, wenn der Schmerz kam, so musste sie sitzen bleiben; lag sie, musste sie liegen bleiben. Sie musste immer in der Position bleiben, in der sie war, wenn der Schmerz kam. Wenn sie manchmal saß und dann fiel, dann wunderte sie sich sehr, wie sie sich hatte auf die Seite drehen können.

Wie man Fleisch in einen Topf gibt, so wurde sie in diesen Schmerz geworfen und gekocht. Sie fühlte in allen Gliedern das, was jemand verspürt, wenn zum Beispiel ein Finger geschwollen ist, der stark brennt und der durch diesen starken Schmerz im ganzen Körper leidet. Der Schmerz war immer stärker im oberen Teil des Körpers. In diesem Begehren waren ihre Glieder gelähmt, als ob sie abgestorben wären. Denn ihr Inneres und ihre Eingeweide und alles war wie verwundet, sie spürte wie Nadelstiche, die ihr von der zu großen Hitze zu kommen schienen, und von diesen Stichen schien eine Art Rauch in ihre Kehle aufzusteigen, die sie fast zu ersticken drohte.

In diesem extremen Leiden, wenn sie schon fast zugrunde ging und nur noch durch ein Wunder am Leben blieb, fing sie an, Gott zu danken, sie so wunderbar gepeinigt zu haben. Und wenn sie anfing, Gott zu loben, wurde ihre Seele gestärkt und ihr Begehren wuchs, sodass sie vor innerem Schmerz den äußeren vergaß. Wenn sie in diesem Leid war, war sie mit Christus auf dem Kreuz.

Kapitel 19.

Ihr größter Wunsch war es, dass Gott in ihr und in der heiligen Kirche gelobt werde. Sie kannte die große Treue Gottes und die Liebe, mit der er die Kirche liebte, und sie wünschte, er möge auch anderen diese Liebe und diese Treue zeigen. Aber Gott klagte ihr und sprach in ihrem Herzen: „Du siehst wohl meine Treue, meine Liebe und meine Großzügigkeit. Und du siehst, wie wenige es sind, die sich darauf vorbereiten, meine Gnade zu empfangen."
Und er fügte hinzu:
„Was sind die Menschen, die nicht an mich glauben, doch so unglücklich! Niemand will (2.Tim 2,13)[35] *sich selbst verleugnen*, sondern alle wollen mir sozusagen gegen Belohnung dienen, um zahlreiche Gaben und Tröstungen zu erhalten und mit mir im Himmelreich die höchsten Plätze einzunehmen."
Denn Gott möchte unsere reine Liebe erhalten, so rein, dass wir nicht mehr an uns selbst denken, sondern allein ihn lieben und loben ohne Unterlass. Dies gilt vor allem für die Zeit, wenn der Mensch mit Gott sein will. Sobald jemand für sich selbst bittet und dabei eine gewisse Andacht verspürt, so kommt diese von der Liebe, mit der die Seele sich selbst liebt. Wenn sie Gott treu liebte, lebte sie ganz in Gott, sie stürbe sich selbst und dächte nicht mehr an sich selbst, und ihre Andacht käme von ihrem Begehren und ihrem großen Hunger nach dem Lob Gottes. Diese Treue war perfekt in Margareta. Diese war sich selbst so sehr abgestorben, dass sie sich nicht erinnern konnte, jemals von einem Wunsch für sich selbst eine Andacht oder einen Trost empfunden zu haben. Sie

---

[35] M. : « *abnegare semetipsum* » ; V. : « *negare seipsum (non potest)* » ; EÜ: „er kann sich selbst nicht verleugnen."

dachte an das Wort des Herrn: (Joh. 12,25)[36] *Wer sein Leben liebt, wird es verlieren* usw." Derjenige hasst sich, der sich nicht mehr selbst liebt, sondern Gott allein, und der diese Liebe bis zum ewigen Leben behält; denn je mehr die Seele sich selbst in Gott vergisst, desto mehr ist sie in ihm. Und je ärmer sie in sich selbst ist, desto reicher ist sie in Gott. Und je mehr sie sich selbst stirbt, desto mehr wird sie gestärkt in Gott. Und so versteht sie, dass Gott das Leben ist.

Sie fing also an, zu überlegen, wie es zu verstehen sei, dass man Gott über alles lieben solle. Der, der jemanden liebt, muss dies durch Zeichen beweisen. Sie aber hatte nichts aufzuweisen, als dass sie (2.Tim 2,13)[37] *sich selbst verleugnete* und sich ganz Gott gab. Denn sie überlegte, woher dieses Liebesgebot kam, (*cf.* Luk. 10,27)[38] *Gott über alles zu lieben, und dann den Nächsten*, der wir sind, und welche Liebe man seiner Seele geben solle, aber sie fand nichts anderes als nur dies: sich selbst über alles zu verachten. Sie musste gegen ihren Willen feststellen, dass, je mehr sie sich selbst verachtete, Gott sie desto mehr ehrte. Und je mehr sie sich hasste, desto mehr liebte sie Gott. Das tröstete sie nicht, sondern im Gegenteil, sie war noch mehr gepeinigt und tiefer verletzt. Aber da sie sich

---

[36] M. : « *Qui amat animam suam, perdet* eam » ; V. *idem* ; EÜ: „Wer an seinem Leben hängt, verliert es".

[37] M. « *abnegavit* semetipsam » ; siehe Fußnote 36.

[38] M. : « *Deus est super omnia diligendus, deinde proximus* » ; V. : « *Diliges Dominum Deum tuum ex toto corde tuo, et ex tota anima tua, et ex omnibus viribus tuis, et ex omni mente tua : et proximum tuum sicut teipsum* » ; EÜ: „Du sollst den Herrn, deinen Gott, lieben mit ganzem Herzen und ganzer Seele, mit all deiner Kraft und all deinen Gedanken und: deinen Nächsten sollst du lieben wie dich selbst."

ganz Gott gab und ihn liebte, erlaubte sie ihm, mit ihr seinen ganzen Willen zu tun. Sie wurde weniger getröstet und mehr gepeinigt, damit Gott besser gelobt werde, denn er wurde desto mehr gelobt, je unwürdiger sie dessen war.

Einmal, als sie in Schmerzen lag, bat sie Gott, sie nicht zu trösten, denn, je mehr er sie tröstete, desto mehr steigerte sich ihre Dankbarkeit und aufgrund dieser Dankbarkeit steigerte sich ihr Schmerz. Sie wollte nicht, dass ihr Körper sich völlig verzehre, sondern ihn erhalten, damit sie weiter für andere beten konnte. Wenn Gott sie tröstete, das heißt, wenn er zu ihrer Seele sprach, dann schmolz diese dahin.

Wenn sie in Schmerzen lag, bestand ihr Seelenleben darin, noch größere Schmerzen zu begehren, damit andere zur heiligen Kirche bekehrt würden. Wenn sie so auf der Erde lag, sahen die, die um sie waren, ihre Venen und Arterien anschwellen durch ihr inneres Begehren. Manchmal glaubten sie, ihr Herz müsste brechen, denn sie hörten von dorther seltsame Laute; jedoch, je größer ihr Leiden war, desto leichter erschien es ihr. Das kam von der Liebe und der großen Dankbarkeit, die sie verspürte.

Ihr Leiden war so groß, dass eine Stunde sie so viel peinigte, als wenn sie tausend Jahre ohne es leben sollte. Ihre Armut und die Bitterkeit dieser Armut waren so groß, dass sie sich fühlte wie einer, der in hohen Fluten ertrinkt. Ihre Augen brannten, waren rot wie Blut und traten hervor, als wollten sie aus dem Kopf herauskommen. Sintflutartige Tränenströme flossen nicht nur aus den Augen, sondern auch aus der Nase und dem Mund. Man musste ihr ein Tuch vor die Augen halten, so groß, dass man ein Hemd für einen vier- oder fünfjährigen Knaben daraus hätte machen können. Das Tuch wurde so nass als hätte man es in Wasser getaucht; das geschah manchmal dreimal am Tag. Ihr Gesicht war geschwollen durch die Tränen, die Nase war verstopft und ihre Glieder zitterten vor Schmerz. Wer immer anwesend war, wurde von Mitleid ergriffen. Das Herz vergrößerte sich als wollte es aus dem Mund herauskommen und ihr ganzer Brustkorb hob sich. Dann hörte man Röcheln und seltsame Geräusche wie bei einem Sterbenden. Ihr Röcheln wurde stärker, je größer ihre Dankbarkeit wurde, und dies war der Beweis dieser Dankbarkeit. Sie litt oft und lange, manchmal dreimal am Tag, meistens zur Zeit der Nonen oder später. Oft dauerte ihr Leiden von den Nonen bis zur Vesper. Wenn sie so litt, war sie mit Christus auf dem Kreuz.

Und ihr Begehren galt allen, und allen, die dessen würdig waren und für die das Leid nützlich sein konnte, wurde diese Gnade gewährt. Aber noch mehr als dies Leid war es ihre Selbstverachtung, die sie peinigte, denn es schien ihr, dass sie zu unwürdig sei, so viel für andere zu leiden, dass Gott sie aber dazu auserwählt hatte.

Kapitel 20.

Einmal empfand sie eine solche Dankbarkeit für sich selbst und für die anderen, dass sie begehrte, Gott möge es ihr gewähren, dass die Heiligen ihr Ungenügen ausglichen und ihn so lobten, wie sie es wollte. Da sie sich der Nachlässigkeit schuldig gemacht hatte, litt sie so sehr, dass sie dieses Leid mit dem Weg zur Hölle verglich; denn es war ihr, als sei sie zu den unerträglichen Höllenqualen verurteilt.

Ihr zweites Leid, nämlich dass sie Gott nicht gebührend lieben konnte, verglich sie mit dem Fegefeuer; denn ihn nicht lieben zu können, wie sie es begehrte, war für sie das Fegefeuer.

Ihr drittes Leid, ihre Unfähigkeit, Gott so zu loben, wie sie es begehrte, verglich sie mit dem Weg zum Himmel, denn das ist das Lob Gottes.

Indem sie so das Lob im Himmel anstrebte und begehrte, sah sie dreierlei Blumen, Veilchen, Rosen und Lilien. Gott führte sie zu den Veilchen, die die Patriarchen und die Propheten bedeuten, weil sie vor der Fleischwerdung Gottes noch zur Erde neigten, weitab vom Himmel. Sie waren auch schwach gewesen. Und Gott gab sie ihr, damit sie an ihrer statt ihre täglichen Nachlässigkeiten und ihre Schwäche beklagten.

Dann führte er sie zu den Rosen, die die Apostel und die Märtyrer bedeuten; diese sollten ihr Ungenügen an Liebe ausgleichen, denn sie sind aus Liebe in den Tod gegangen und (Dan. 3,95)[39] *haben ihren Körper* für Christus geopfert. Schließlich führte er sie zu den Lilien, die die selige Jungfrau und alle Jungfrauen bedeuten, sowie die Engel. Denn die selige Jungfrau wurde ihr gegeben, um ihr in allem beizustehen und sie besonders zu trösten. Und zusammen mit den anderen Jungfrauen und den Engeln sollte sie ihren Mangel an Gotteslob ausgleichen und ihr getreu zur Seite stehen.

In ihrer Erleuchtung erkannte sie, dass alle diese Heiligen ihr versprachen, ihre Schwächen auszugleichen. Ja, es gab nichts, was sie nicht für sie getan hätten, wissend, dass dies der Wille Gottes war. Sie nahmen diese Aufgabe so fröhlich an, dass es ihnen eine Freude war, solches Begehren zu vernehmen. So, als sagten die Heiligen:

---

[39] M. : « *sua corpora tradiderunt* » ; V. : « *tradiderunt corpora sua* » ; EÜ: „ihr Leben dahingegeben".

„Für uns kann sich nichts steigern, weder das Begehren, noch das Lob, denn unser Lob kann nicht gesteigert werden, noch kann dies unsere Liebe, aber wir können ein mehrfaches Begehren haben. Wisse, dass wir immer mit all unserer Kraft, all unserer Weisheit und all unserer Liebe Gott loben wollen für dich."

Davon war sie überzeugt. Von da an, wenn etwas sie störte, wandte sie sich an die Heiligen und unterbreitete ihnen ihr Problem.

Kapitel 21.

Aber danach, das heißt einige Jahre später, war sie so ausgezehrt und ihr Begehren wuchs so sehr, dass das Lob der Heiligen ihr nicht mehr genügen konnte, wie ein Wassertropfen keinen Abgrund füllen kann. Aber wenn die Heiligen sie nicht trösten konnten, wer konnte es? Jesus Christus allein, der ohne Anfang ist und ohne Ende, und dessen Güte unermesslich ist. Er selbst hat ihr Begehren gestillt, denn der Abgrund der Güte hat sich zum Abgrund der Armut herabgelassen; er hat ihr versprochen, ihr zu dienen und alle ihre Wünsche zu erfüllen. Hätte er es nicht getan, wäre sie in eine solche Trostlosigkeit verfallen, dass sie nie hätte gesättigt werden können; ihr Leid hätte nie ein Ende gehabt, denn ein solcher Hunger hatte sie ergriffen, dass nichts außer Gott ihn hätte stillen können.

Kapitel 22.

Nun verstand sie, was es bedeutet (Matth. 25,21)[40] *„in die Freude des Herrn einzugehen"*, denn das Lob Gottes, die

---

[40] M. : « *intra in gaudium Domini* tui » ; V. *idem* (außer, dass *domini* klein geschrieben ist) ; EÜ: „nimm teil an der Freude

Liebe und die Gnade, die er der Seele gewährt, sind so groß, dass sie nicht in die Seele eingehen können, sondern die Seele in sie. Ihre Seele war ein Abgrund und Gott, der ein Abgrund der Gnade ist, wird im Himmelreich ihr Herz erfüllen können. Dort wird unsere Seele gesättigt werden, denn er wird sie in Erkenntnis umfangen mit all seiner Kraft, all seiner Weisheit und all seiner Liebe, die wir nicht verstehen können.

Kapitel 23.

Die ganze Dreifaltigkeit wird derart die Seele erfüllen, denn der Sohn wird dem Vater danken, die Seele geschaffen zu haben, der Vater wird dem Sohn danken, sie erlöst zu haben, und der Heilige Geist wird Vater und Sohn dafür danken, ihre Erfüllung sein zu dürfen. Der Heilige Geist ist das Leben und das Überfließen des Vaters, wie ein Gefäß, das überläuft. Dieser Heilige Geist, der das Leben des Vaters ist, verleiht auch unserer Seele ihr Leben. Diese Dreifaltigkeit liebt sich selbst, und sie lobt sich in der Seele für die Gnade, die sie in sie gelegt hat, und sie dankt der Seele; sie lobt die Seele dafür, dass sie sich auf den Empfang der Gnade vorbereitet hat, und Gott dankt ihr im Besonderen für jede Tugend und jede Gnade, die er ihr verliehen hat. Gottes unbegreifliche Gnade dankt und lobt die begreifliche Gnade und die begreiflichen Tugenden der Seele. So ergreift die Seele diese Erkenntnis und wird davon erfüllt; sie freut sich mehr darüber, dass Gott von Lob erfüllt sei, in ihm und in seinen Werken, als wenn sie selbst ihn gebührend loben könnte.

---

deines Herrn", Luther übersetzt: „gehe ein zu deines Herrn Freude."

Kapitel 24.

Als Margaretas Seele, die ein Abgrund an Demut war, so von Gott erfüllt war, und sie diese Liebe Gottes sah und alles, was er für sie tat, wunderte sie sich sehr darüber, wie es denn möglich sei, dass das Leid im Himmelreich nicht mehr anwachsen solle. So sehr so große Demut auf Erden ein großes Leid ist, so sehr wird sie im Himmelreich eine große Freude sein. Diese Freude ist so groß, dass sie die Seele so sehr erfüllt, dass sie gar keine Zeit mehr hat, an ihr eigenes Leid oder das der anderen zu denken. Daran hindern sie die Erkenntnis Gottes, seine Liebe und sein Lob, die sie ganz ausfüllen.

Das, was hier ein Abgrund der Demut ist, wird dort ihre Größe sein, das heißt, ihre Ehre. So sehr die Seele hier von Gott entfernt ist, da sie an ihre eigene Unwürdigkeit denkt, so nahe wird sie ihm dort sein. So sehr sie hier arm ist, so reich wird sie dort sein. So sehr sie hier verachtet ist, so sehr wird Gott selbst sie im Himmel ehren. So sehr sie hier leidet, weil sie sich im Begehren nach dem Lob Gottes verzehrt, so sehr wird sie sich dort freuen. So sehr sie hier leidet, weil sie sich in Dankbarkeit verzehrt für das Heil, das den Heiligen gewährt wurde, so sehr wird sie im Himmel von diesen getröstet werden.

Was meinst du, mit welcher Liebe die Heiligen eine Seele lieben, die ihnen auf Erden so treu war, und mit welchem Begehren sie erwarten, dass ihnen diese Seele einst zugesellt wird? Diese Dankbarkeit, die die Seele für sich empfindet, empfindet sie für jeden Heiligen und für jede Gnade, die den Heiligen gewährt wird, so als wäre diese ihr selbst gewährt. Einer Seele, die so begehrt, muss Gott all seine Gnaden offenbaren, die er je den Heiligen gewährt hat. Und je besser sie hier Gott versteht und all die Gnaden, die er den Heiligen gewährt hat, desto größer wird ihre Dankbarkeit; und je nach dieser Dankbarkeit wird sie Gott umso besser loben.

Gott wird der Seele viel Liebe und Lob im Himmelreich gewähren, aber das ist noch gar nichts im Vergleich zu der Liebe, die Gott für die Seele empfindet. Und selbst wenn er ihr große Gnade und Ehre erweist, so ist das immer noch wenig im Vergleich zu dem, was er ihr gegeben hätte, wenn sie es gewagt hätte, mehr zu begehren: das wäre wie ein Tropfen Wasser im Vergleich zum ganzen Meer. Jedes Begehren wird dann gestillt werden nach seinem Durst. Damit es voll wird, muss man ein Gefäß seinem Fassungsvermögen entsprechend füllen; für jemanden, dem hier wenig genügt, wird dort wenig genug sein. Jesus Christus wird die Belohnung sein für den, der ihn erwählt hat allein; und soviel er mag und kann, wird er ihm (Joh. 1,16)[41] *von seiner* überfließenden *Fülle* gewähren.

Kapitel 25.

Sie fing an, über die selige Jungfrau nachzudenken, über ihren Status und warum sie einzig war. Das kam daher, dass sie sich immer an das Lob Gottes hielt und nicht unnütz reden wollte; daher redete sie wenig und das, was sie wusste, blieb den andern verborgen. Aber die selige Jungfrau offenbarte ihr die Geheimnisse ihres Herzens, das heißt, ihr Begehren, solange sie auf Erden war; sie hat ihr gezeigt, wie sie einzig Gottes Lob begehrte und wie dieses Begehren das aller Patriarchen, Propheten und Heiligen überstieg. Sie begehrte ebenfalls für andere aufgrund der großen Erkenntnis, die Gott ihr gewährt hatte.

---

[41] M. : « *de eius plenitudine* » ; V. : « *de plenitudine ejus* » ; EÜ: „aus seiner Fülle (haben wir alle genommen)".

Sie war ungefähr sieben Jahre alt, als ihr Begehren nach Gottes Lob anfing, zu wachsen. Es war für sie nicht verwunderlich, dass Gott Mensch werden wollte, denn dieser hatte sie mit Gnade erfüllt und sie war sich sicher, dass (Matth. 19,26)[42] *alles möglich ist für Gott*. Sie wusste, dass sie geweiht war. Denn sie hatte nie etwas getan, das sie hätte bereuen müssen. Solange sie auf Erden lebte, war sie nie hochmütig. Sie wusste, dass Gott in einem Menschen Fleisch annehmen wollte, und insbesondere in einer reinen Jungfrau. Da sie sich ganz ihm gegeben hatte, wusste sie, dass dies möglich war für sie. Denn sie wollte und begehrte, dass Gott in ihr gelobt werde. Doch sie sah sich als unwürdig an, als wäre sie die größte Sünderin, denn sie wusste, dass ihre Weihe Gottes Werk war und nicht ihres. Sie wusste wohl, dass, hätte Gott sie nicht geweiht und bewahrt, sie hätte sündigen könne wie alle Menschen.

Kapitel 26.

All ihre Demut war edel, denn sie war demütig aus Gnade und nicht wegen ihrer Sünden, die die anderen Menschen demütig und verachtenswert machen. Aber die Gnade, die sie erhalten hatte, war so groß und so mannigfach, dass man sie wirklich einen Abgrund an Demut nennen konnte. Um diesen Abgrund zu füllen, musste Gott herbeieilen, denn er ist die höchste Füllung. Der große Hunger, den die Jungfrau hatte, Gottes Menschwerdung zu sehen, ließ ihm keine Ruhe, bis er kam. Was hat ihn dazu gezwungen? Seine unermessliche Güte. Denn er brauchte ein Mittel, durch das er sich offenbaren konnte.

---

[42] M. : « *omnia a Deo possibilia* » ; V. : « *Apud Deum autem omnia possibilia sunt* » ; EÜ: „für Gott aber ist alles möglich."

Kapitel 27.

Was hat die Dreifaltigkeit dem Menschen gegeben? Zunächst, dass wir sehen, welcher Art Gott sei. Er ist ewig, ohne Anfang und ohne Ende. Der Mensch aber hat einen Anfang, jedoch kein Ende. Gott hat dem Menschen diese Ewigkeit gegeben, damit die Ewigkeit Gottes in diesem Teil des Menschen leuchte und der Mensch sie auf ewig lobe. Gott ist auch von unvergleichlichem Adel, denn er ist ohne Anfang und ohne Ende. Deswegen hat er den (1.Mose 1,26)[43] *Menschen nach seinem Bilde* geschaffen, damit dieser Adel in seinem Werk gelobet werde.

Gott ist Macht, denn durch sie kann er Frieden schaffen. Diese Macht wird gelobt im Menschen, dem Werk Gottes, und der Mensch wird mächtig sein im Himmelreich, denn Gott hat sich selbst gegeben, damit der Mensch an ihm seine Lust habe nach seinem Willen. Schon in diesem Leben wird die Macht Gottes in uns gelobt, denn er hat uns gegen viele Angriffe verteidigt; je zahlreicher die Angriffe, gegen die er uns verteidigt hat, desto größer ist sein Lob, und seine Macht wird desto mehr gelobt in uns. Gott hätte den Menschen so schaffen können, dass er immer in Frieden sei; aber er wollte nicht, dass seine Gnade umsonst sei, sondern dass wir ihn desto mehr lieben und loben.

Gott ist auch Kraft. Seine Kraft wird im Menschen gelobt, weil er uns von unseren Schwächen aufhebt, damit wir

---

[43] M. : « *hominem ad ymaginem* et similitudinem suam » ; V. : « *(Faciamus) Hominem ad imaginem et similitudinem nostram* » ; EÜ: „Lasst uns Menschen machen als unser Abbild, uns ähnlich".

seine Liebe und sein Lob aushalten können; und die Gnade, die er gewährt, wird uns stärken.

Gott ist auch Weisheit. Er hat alles weise geschaffen und je mehr Kenntnis er uns einflößt, indem er uns Weisheit gewährt, desto mehr wird die Weisheit in uns gelobt, hier und dort; und je mehr Erkenntnis wir dort haben werden, desto mehr werden wir Gott ewig lieben und loben.

Gott ist auch Klarheit. Er ist es, der alles erleuchtet, was erleuchtet ist. Je mehr es uns hier von unseren Sünden reinigt und uns ein reines Herz schenkt, desto mehr wird seine Klarheit in uns im Himmelreich lobenswert sein.

Er ist auch unbegreifliche Güte, daher verachtet er nichts. Seine Güte macht ihn demütig. Nichts ist höher als Gott, nichts ist ihm gleich, er ist niemandem untertan, ihm fehlt nichts von dem, was er will, und er ist frei von allem Bösen. Woher kommt also seine Demut? Man sieht keinen anderen Grund als nur die Fülle seiner Güte. Seine Demut hat uns mutig gemacht, seine Gnade zu begehren. Denn seine Demut ist wie ein edler Baum mit vielen großen und kostbaren Früchten, so kostbar, dass man sie mit nichts vergleichen kann. Die Äste des Baumes hängen tief von dem Gewicht der Früchte. So bringt die Güte Gottes seine Demut dazu, sich zu uns herabzuneigen. So als ob er sagte: ‚ich neige mich zu euch herab; wenn ihr wollt, nehmt von meinen Früchten, so viele ihr wollt.' Gäbe es einen Abgrund unter dem Baum, so müssten sich seine Äste noch tiefer neigen, wenn sie bis zu dessen Boden reichen sollten. So war die selige Jungfrau Maria ein Abgrund und Gott musste sich sehr tief zu ihr neigen, denn durch sie ist er Fleisch geworden. Und je demütiger er sie fand, desto mehr wurde Gottes Demut in ihr gelobt.

Das gilt für alle, die die wahrhafte Demut kennen. Läge edles Gold neben gewöhnlichem Blei, so erschiene letzteres umso geringer und wertloser, je mehr Gold daneben läge. Daher hat sich die selige Jungfrau so sehr unwürdig gefühlt neben dem Adel Gottes. Und je mehr Gott ihr gab, desto weniger war sie selbst. Nie hatte die selige Jungfrau einen so demütigen Wunsch wie den, die Mutter Gottes zu werden. Daher war sie ärmer und elender innerlich und äußerlich als alle anderen Menschen. Hätte Gott ihr nur eine kleine Gnade gewährt für ihre große Demut, wäre diese ihr schon sehr angenehm und kostbar gewesen. Was also jetzt, da er ihr das Maximum gewährte, das heißt nichts anderes als sich selbst?

Gott ist auch Treue und Beständigkeit, so untreu wir ihm auch seien. Und je untreuer wir diesem Treuen sind, desto mehr wird seine Treue zu uns gelobt. In der Zukunft wird er uns von aller Untreue befreien und das Lob seiner Treue wird vollständig sein in uns. Gott hat uns erlaubt, ihm hier untreu zu sein, damit uns seine Treue dort erbaulich und kostbar sei, wenn er uns von aller Untreue befreit und uns ewige Treue verleiht.

Er ist auch Liebe. Alle Liebe kommt von ihm. Wir lieben mit seiner Liebe, das heißt, mit der Liebe, die er uns gegeben hat. Wir sind dieser Liebe untreu, denn wir lieben durch sie andere Dinge als ihn, den Ursprung der Liebe. Dadurch wird seine Liebe in uns gelobt, dass er uns in reiner Weise liebt, wir ihn aber in unreiner Weise lieben.

Er ist auch Barmherzigkeit und hat so reines und treues Mitleid mit uns als handele es sich um ihn selbst.

Er ist auch Wohlwollen[44], das sich ohne Unterlass in die ergießt, die es korrekt begehren, das heißt, mit Weisheit. Dieses Wohlwollen wird in uns gelobt, denn er gewährt

---

[44] *pietas.*

uns mit großem Wohlwollen alles, was für unser Heil notwendig ist. Selbst wenn er uns Prüfungen auferlegt, kennten wir sein Wohlwollen, so wünschten wir uns nichts anderes als gerade das, was er uns auferlegt, denn je mehr Leid und Widrigkeiten jetzt in uns fließen durch sein Wohlwollen, desto mehr wird dereinst sein Wohlwollen uns durch seine Tröstung und seine Gnade durchströmen. In beiden Fällen ist das Wohlwollen Gottes in uns lobenswert, ob er uns hier Leid beschert oder dort Tröstung. Dieses Wohlwollen begehrt Demut, denn die Demut ist imstande, viel Liebe in sich aufzunehmen. Denn dieses Wohlwollen freut sich, ein Gefäß zu finden, in das es reichlich fließen kann, und je mehr Gott gibt, und je größer seine Gabe ist, desto mehr ist sein Wohlwollen lobenswert.

Kapitel 28.

Diese zwölf Eigenschaften waren der seligen Marie reichlich gegeben, reichlicher als irgendeinem anderen Menschen sonst auf Erden. Ihre Demut hat die Demut Gottes dazu gebracht, Mensch zu werden. Ihre Treue für des Menschen Heil und das Lob Gottes hat die Treue Gottes verpflichtet. Ihre reine Liebe hat seine Liebe dazu gebracht, uns seine Liebe zu offenbaren. Diese Tugenden, die sie durch Gnade besaß, Gott besitzt sie von Natur aus. Sie haben ihr den Mut gegeben, dass Gott durch sie Mensch werde. Es wäre für Gott nicht lobenswert gewesen, ihr einen Engel zu schicken, wenn er sie nicht zuvor in ihrem Herzen unterwiesen hätte, wie sie diesen empfangen sollte. Die Botschaft Gabriels war der seligen Jungfrau schon bekannt.

Kapitel 29.

In ihrem Begehren erfuhr Margareta, dass die selige Jungfrau schon vor dem Eintreffen des Engels sicher war, dass sie die Mutter Gottes werden sollte. Das kam von ihrem großen Begehren. Denn Gott konnte sich nicht einhalten, bis dass er sie getröstet hatte. Wenn aber geschrieben steht, dass sie sich vor dem Gruß des Engels fürchtete, so hieß das nicht, dass sie fürchtete, irgendetwas könnte ihr zustoßen; sie wusste ja, dass Gott ihn geschickt hatte; aber ihre Demut hat ihr Herz berührt, weil nun der Gipfel dessen, das sie so lange begehrt hatte, Wirklichkeit werden sollte.

Sie hätte wohl ohne den Gruß des Engels empfangen können, denn Gott hätte heimlich zu ihr kommen können, aber dies ist so geschehen, um der Welt ein Zeugnis zu sein für die glorreiche Empfängnis des Sohnes Gottes. Sie hat auch nicht gefragt, (Luk. 1,34)[45] *wie dies geschehen solle*, weil sie es etwa nicht gewusst hätte, sondern um der Welt ein Zeugnis zu geben von ihrer jungfräulichen Reinheit und ihrer Keuschheit. Und dass der Engel ihr sagte, (Luk. 1,30)[46] *sie habe Gnade gefunden*, kam daher, dass sie dies so lange so sehr begehrt hatte. Es steht geschrieben, dass sie sie empfing, denn sie hatte sie nicht durch ihre eigene Leistung verdient.

Sie nennt sich auch (Luk. 1,38)[47] *Magd* aus mehrerlei Gründen.

---

[45] M. : « *quomodo fiet istud* » ; V. *idem* ; EÜ: „wie soll das geschehen".

[46] M. : « *gratiam invenisse* » ; V. : « *invenisti (enim) gratiam* » ; EÜ: „du hast bei Gott Gnade gefunden."

[47] M. : « *ancillam* » ; V. : « *(Ecce) ancilla (Domini)* » ; EÜ: „(Siehe, ich bin die) Magd (des Herrn)."

Zuerst hat sie Gott gedient mit allem, was Gott ihr gegeben hatte. Denn sie hatte erkannt, dass alle Gnade und alles, was gut war in ihr, ihr von ihm geschenkt wurde. Zweitens, weil sie der Welt dienen sollte, indem sie die Fleischwerdung Christi für die Welt begehrte. Hätte sie sich als Sünderin erkannt, hätte sie es sicherlich gesagt. Da sie aber keine Sünderin war, sagte sie dieses Wort der Demut, welche auch der Grund war für ihre Keuschheit. Sie nannte sich Magd als wollte sie sagen:

„Herr, wie du Diener werden willst und dem Menschen im Fleische dienen, was du erleiden willst, will ich gerne mit dir leiden, aber du allein sollst deswegen geehrt werden und nicht ich. Denn so will ich deine Magd sein und die Magd der Menschheit und euch beiden dienen, und ich will für dieses Heil danken anstelle des Menschen, der blind ist und nie so dankbar, wie er sein sollte."

Sie ist auch Magd, weil sie immer Vermittlerin sein will zwischen Gott und dem Menschen. Das (Luk. 2,35)[48] *Schwert*, das *durch* ihre *Seele dringen wird*, das war die Dankbarkeit, die sie Gott darbrachte für die Welt, denn er hat in seiner großen Liebe für den Menschen gelitten. Sie allein war ihm damals dankbar, obwohl die ganze Welt es hätte sein müssen. Selbst die Apostel sind geflohen und haben keine Dankbarkeit gezeigt. Sie allein hat Gott gelobt für seine Tat, was niemand anderes sonst damals getan hat.

Es war für sie ein großes Leid, dass das Leid und die Liebe des Sohnes für viele Menschen umsonst waren.

––––––––––––––––––

[48] M. : « *Gladius,* qui *pertransivit cor* eius » ; V. : « *tuam ipsius animam pertransibit gladius* » ; EÜ: „dir selber aber wird ein Schwert durch die Seele dringen".

Sie war so vollkommen, dass sie ihren Sohn nicht mit dieser fleischlichen, das heißt verweichlichten Liebe liebte, wie andere Mütter, die es nicht aushalten, ihren Sohn verwundet zu sehen. Es war auch nicht notwendig, ihr den Heiligen Geist zu schicken wie den Aposteln, die Christus irdisch liebten, denn sie war in der Vollkommenheit verwurzelt, sie war in allem vollkommen und gefestigt. Trotzdem ist es gut möglich, dass sie in natürlicher Weise Mitleid hatte mit ihrem Sohn.

Kapitel 30.

Bevor sie all dies erfahren hatte über die selige Jungfrau, hatte Margareta begehrt, dass Gott ihr alles gewähre, was seinem Lob in ihr und der heiligen Kirche dienen konnte, damit sie eine Magd sei für die Welt und mit ihrem Lob den Mangel der anderen ausgleiche. Da schenkte er ihr die zwölf Tugenden Gottes, damit sie darin seine Güte erkenne; er verlieh ihr außerdem eine neue Erkenntnis:

sie begann ihn zu loben für alle Gedanken, die Gott je gedacht hatte und die je über ihn gedacht wurden; und sie begehrte, in Zukunft alle Gedanken, die Menschen zu Gottes Lob denken, zu kennen.

Und sie dankte ihm für alle Worte, die er je gesprochen hatte und all die, die je über ihn gesprochen wurden.

Sie dankte ihm für alle seine Werke, für das Leid, das er auf sich genommen hatte, und für all das, das Menschen je für ihn getan und gelitten haben.

Viertens lobte sie ihn für all die Gebete, die Christ für uns an den Vater gerichtet hatte, und für all die unsrigen, die er erhört hat.

Fünftens lobte sie ihn für alle Tugenden, die in ihm sind und die er dem Menschen gewährt hat.

Sechstens für all die, die er von der Sünde bewahrt hat.

Siebtens für all die, die er von der Sünde abgekehrt hat.
Achtens für all die, denen er ihre Sünden vergeben hat.
Neuntens für all die, die er bekehrt hat und insbesondere jeden Tag für die, die er an dem Tag zu sich genommen hat.
Sie lobte ihn auch für all die, die er ins Fegefeuer geschickt hat. Denn die Güte Gottes ist groß, weil er die Menschen an diesen Ort schickt, wo sie nicht mehr sündigen können. Und sie lobte ihn ebenso für all die, die er in die Hölle geschickt hat, denn so wird seine Gerechtigkeit gelobt. Er hat sie wie die Guten geschaffen und alles getan, sie zu erlösen wie die Guten. Sie lobte ihn für den guten Willen, den er ihnen entgegengebracht hatte, wenn sie nur seine Gnade angenommen hätten, und für alle irdischen Güter, die er ihnen gewährt hatte; und selbst, wenn all dies für sie umsonst war, muss Gott trotzdem für sie gelobt werden. Wir werden sie alle kennen, denn sie werden nicht im Himmelreich sein und wir werden uns über ihre Verdammnis freuen.
Sie lobte Gott auch für alle Kreaturen, die im Himmel und auf Erden sind. Sie wusste nämlich, dass viele blind sind und nie Gott loben, und so wollte sie die Nachlässigkeit der anderen ausgleichen. Ihre Seele litt sehr darunter und sie war dankbar dafür, zu wissen, wie die Güte Gottes in allem gelobt wird. Sie wollte all dies in der Zukunft wissen, nicht, um für etwas Besseres gehalten zu werden, sondern damit Gott durch sie besser gelobt werde für alle.

Kapitel 31.

Sie hatte die Gewohnheit, an jedem Festtag demjenigen Heiligen zu huldigen, dessen Fest es war, und für die Gnade zu danken, die ihm hier und im Himmelreich gewährt worden war. Je größer sie diese Gnade wusste, desto dankbarer war sie und desto größer war ihr Schmerz. In ihrem Dankgebet für diesen Heiligen begehrte sie, so viel Leid zu ertragen, wie dieser in seinem Martyrium für Christus hatte leiden müssen. Morgens, wenn sie aufstand und diesem Heiligen huldigte, gab sie sich ganz Gott hin mit allem, was sie an diesem Tag leiden und Gutes tun würde. Und oft folgte Gott ihrem Begehren und legte ihr Leiden auf, körperliche und seelische. Dass Gott diesen Heiligen zur Herrlichkeit erhoben hatte, war für sie, als sei sie selbst verherrlicht und von allen körperlichen Schwächen befreit. Und oft starb sie für diesen Heiligen insofern, als sie (Dan. 10,16)[49] *keine Kraft mehr* hatte.

Sie teilte jeden Tag das, was Gott mit ihr an diesem Tag Gutes tun werde, in vier Teile. Sie gab den ersten Teil denen, die im Himmelreich anbeten. Sie gab einen zweiten Teil denen, die auf Erden sind, auf dass der Herr sie im Guten festige. Sie gab den dritten Teil den Sündern, damit sie sich zu Gott bekehren. Und den vierten Teil gab sie denen, die im Fegefeuer sind, damit Gott sie befreie.

Sie war immer aus eigenem Antrieb arm und wollte alles, was immer Gott Gutes in ihr tat, ihm zurückgeben, indem sie es so verteilte. Sie wollte nicht, dass die Heiligen ihr für irgendetwas dankten, denn Gott hätte dann für das danken müssen, was ihm gehört et was er in ihr vollbracht hatte. Aber sie war ihm und allen, die im Himmelreich sind, sehr dankbar dafür, dass Gott dies in ihr hatte vollbringen wollen.

---

[49] M. : « *nichil virium retinebat* » ; V. : « *nihil in me remansit virium* » ; EÜ: „ich... verlor alle Kraft."

Kapitel 32.

Von der seligen Jungfrau erfuhr Margareta, wie sie die anderen liebe sollte. Die selige Jungfrau wollte nicht, dass sie sie liebe ohne Gott zu lieben; sie wollte arm und nackt gesehen werden, wie sie war, denn alles, was sie Gutes in sich hatte, gehörte vollständig Gott; die Ehre dafür gebührte Gott allein, und er allein sollte in ihr geliebt sein; je weniger Lob Margareta der seligen Jungfrau erwies, desto mehr erwies sie Gott. Alles, was sie ihr wegnahm, gab sie Gott; je mehr sie in reiner Weise Gott gab, was der Jungfrau zustand, desto besser konnte sie ihn in reiner Weise durch sie loben und umso nützlicher war das, was er durch sie wirkte.

So liebte sie alle Menschen; denn in ihnen war Gott das einzige Ziel ihrer Liebe. Sie verachtete niemanden, sondern dachte, dass nichts wertlos sei. Sie beraubte alle Heiligen, die im Himmelreich sind, ihres Lobes und ließ sie nackt, und goss alles in Gott, von dem aus alles fließt. Und sie lobte ihn dafür und dankte ihm für alles, was er in ihnen hat wirken wollen.

In ihren geistlichen Freunden liebte sie nichts anderes als die Gnade, die Jesus Christus ihnen gewährt hatte, und die Treue, die sie ihnen erwies, kam von der Liebe Christi. Wenn sie sie sah, war sie froh. Wenn sie sie nicht sah, akzeptierte sie dies. Sie war nicht traurig, wenn sie sie nicht sah. Christus, den sie in ihnen liebte, wo immer sie waren, war bei ihr und sie liebte ihn. Wenn sie aber mit ihnen war, gab sie sich ihnen ganz hin, um sie zu unterweisen. Und wenn sie nicht da waren, widmete sie ihnen alles, was sie Gutes tat.

Einmal liebte sie einer so sehr, dass es nicht gut war für ihn, denn er wollte sie immer sehen und hatte sie ständig vor Augen mehr als Gott. Einmal kam er zu ihr, obwohl er sechs Meilen weit weg wohnte, und vertraute ihr sein Problem an. Als sie ihn hörte, wurde sie zornig und sprach ein ernstes Wort mit ihm. Da wurde er ganz verstört und sagte: „Jetzt habe ich all mein Begehren und meine Liebe zu dir vergeudet." Und dann ging er. Er hat nie mehr so mit ihr gesprochen wie vorher und traute ihrer Treue nicht, obwohl sie ihm danach noch treuer war als vorher.

Kapitel 33.

Jeden Tag lobte sie Gott besonders für die Jungfrauen, für ihre Gnade, ihr Märtyrertum und den Heiligenschein, der ihnen gewährt war; und besonders für die Engel, weil sie aus der Güte Gottes hervorgehen, weil sie so reich sind, dass sie nie eine Armut verspürt haben; weil Gott sie derart ehrt, dass sie nie verachtet werden; für ihre Freude, weil sie nie ein Leid verspürt haben; für die Weisheit, die ihnen verliehen ist, denn sie waren nie unvernünftig; für ihre Beständigkeit, denn Gott hat sie fest eingesetzt, während andere gefallen sind; und weil er sie uns (Heb. 1,14)[50] *zu Diensten* gegeben hat.

Sie lobte ihn auch für die Propheten, für die Geheimnisse, die er ihnen offenbart hat, für die Kenntnis, die er ihnen vermittelt hat, und weil sie an Gott geglaubt haben; und weil er sie bei seiner Himmelfahrt mitgenommen hat und sie aus der Vorhölle befreite.

Sie lobte ihn auch für die Apostel, weil er sie besonders erwählt hatte; weil sie arme Leute waren und für würdig befunden wurden, seine Jünger zu werden, seine lieben

---

[50] M. : « *ad ministerium* nobis dedit » ; V. : « *in ministerium (missi propter eos, qui haereditatem capient salutis)* » ; EÜ: „sind sie nicht alle nur dienende Geister (ausgesandt, um denen zu helfen, die das Heil erben sollen ?)".

Worte zu hören, seine Taten zu sehen und immer sein Gesicht zu sehen. Und für alle Geheimnisse, die er ihnen offenbart hatte, und weil er sie besonders zum Trost der Welt auserwählt hatte, denn sie sollten die Welt durch ihre Lehre erleuchten. Sie lobte ihn für den Heiligen Geist, der diese erfüllt und sie von ihrer großen Schwäche befreit, sie im Leid gestärkt und sie von großer Blindheit zu großer Weisheit geführt hat, und besonders, weil der Herr sie würdigte, durch sie zu wirken.

Für den heiligen Petrus erwies sie ein besonderes Lob, weil ihm die Kirche anvertraut wurde. Und für den heiligen Paulus, weil er sich wundersam bekehrt hatte. Und für Johannes den Täufer, weil er ein Vorläufer des Herrn war und im Mutterleibe geweiht wurde.

Sie lobte ihn auch für die Märtyrer, für die große Liebe, die Gott ihnen gegeben hatte, denn sie haben den Tod für ihn überwunden; und für das Lob und den Lohn, den sie für ihr Martyrium erhalten haben, denn dadurch wurden sie Christus gleich. Sie lobte ihn für die geistlichen Väter, denn sie haben bestätigt, was die Apostel vorausgesagt hatten, und haben in der Kirche die heiligen Orden gegründet.

Sie lobte ihn auch für die Witwen, weil er sie in ihrer Keuschheit stärkte, und besonders für Maria Magdalena, die vielen Sünden, die ihr vergeben wurden und die Gnade, die ihr gewährt wurde; für das heilige Leben, das sie auf Erden führte, und weil die Sünder durch sie getröstet werden.

Sie lobte Gott auch für alle Zeichen, die er durch alle Heiligen geschehen ließ, für das gute Beispiel, durch das sie auf Erden geleuchtet haben und weil wir ihre Festtage brauchen; für die Heilige Schrift, die sie uns übermittelt haben und weil Gott sie uns besonders gegeben hat, damit sie ihn immer für uns loben und anbeten.

Kapitel 34.

Die Worte, die hier geschrieben stehen, sagen nicht viel über das Lob Gottes, sie wurden geschrieben, damit wir einiges erführen über die Güte Gottes. Aber das Lob Gottes erfüllte Margaretas Herz aufgrund der Dankbarkeit, die sie empfand für die Kenntnis, die sie davon hatte. Viele Worte sind wenig nützlich, wenn sie nicht von Dankbarkeit begleitet werden.

Margareta war Gott auch dankbar für alles, was er aus Gnade für die getan hatte, die im Himmelreich und auf Erden sind, so als hätte sie selbst all dies erhalten. Und oft empfand sie eine solche Dankbarkeit, und wegen dieser ein solches Leid, dass ihr Herz es kaum aushielt. Oft musste sie solche Gedanken auf später verschieben, weil sie das Leid infolge der zu großen Dankbarkeit nicht aushalten konnte.

Sie kannte das ganze Leben Christi und sie bedachte nicht nur sein Leid, sondern auch die Liebe, mit der er alles erfüllt hatte.

Kapitel 35.

Drei Dinge haben vor allem ihr Herz berührt: sein Leiden, seine Erniedrigung und seine Armut. Und alles, was Christus getan hat, hat er in absoluter Demut getan, und in großer Treue nur für uns, ohne etwas zu erhoffen zu seinem eigenen Vorteil. Sie wusste, dass aller Reichtum, die Herrlichkeit und die Freude, die Gott den gefallenen Engeln und dem gefallenen Menschen gewährt hatte, es nicht geschafft haben, diese wieder zur Liebe Gottes zurückzuführen, damit sie ihn als ihren Schöpfer anerkannten. Da Gott uns nicht durch seine Gaben dazu bringen konnte, zu erkennen, dass wir ihn lieben müssen, hat er sein eigenes Leben gegeben. Denn es ist mehr, sein eigenes Leben zu geben, als Güter und Schatten irdischen Guts.

Darum (2.Kor. 8,9)[51] *ist Gott arm geworden, damit wir reich würden.* Er wurde verachtet, damit seine Herrlichkeit in uns vollkommen werde und in uns sei. Er hat gelitten, damit wir an seiner Freude Teil hätten.

Durch diese drei[52] hat Gott drei Dinge in uns gewirkt: sein Lob ist größer in uns, sein Reichtum ist vermehrt in uns, und seine Freude ist vollkommener. Gott ist wie ein Armer, dem das Notwendige fehlt. Was fehlt ihm? Was braucht er? Nichts als Liebe und Lob. Davon können wir ihm nie genug geben, um diesen Mangel in uns auszugleichen.

Trotzdem ist er vollkommen an Lob in sich, nur von außen erhält er wenig, denn er kennt sich selbst in vollkommener Weise, wozu sonst niemand fähig ist. Daher kann er sich selbst vollkommen loben. Gott liebt niemanden außer sich selbst, nichts außerhalb seiner, denn alles, was er liebt, gehört zu seinem Wesen. Unsere Liebe gehört uns nicht, denn wir haben sie nicht von uns selbst, wie Gott seine Liebe von sich selbst hat. Daher, weil sie ihm gehört, müssen wir ihm unsere Liebe zurückgeben, da sie ja seine ist. Was uns selbst gehört, ist nicht liebenswert, sondern ganz und gar schlecht.

---

[51] M. : « *Deus factus est pauper, ut nos divites fieremus* » ; V. : « *(Scitis enim gratiam) Domini (nostri Jesu Christi, quoniam propter vos) egenus factus est (, cum esset dives), ut (illius inopia) vos divites essetis* » ; EÜ: „Er, der reich war, wurde euretwegen arm, um euch durch seine Armut reich zu machen."
[52] nämlich Armut, Verachtung und Leiden.

Kapitel 36.

Margareta hat erkannt, dass es umso schlechter steht mit dem Menschen, je länger er lebt. Denn es steht geschrieben, (Spr. 24,16)[53] der *Gerechte fällt siebenmal und steht* jedes Mal *wieder* stärker *auf*. Das Fallen ist des Menschen, sein Wiederauferstehen ist Gottes allein; je länger er lebt, desto schlimmer steht es um ihn, denn es liegt in seiner Natur, immer wieder zu fallen. Doch je öfter er von dem Fall wieder aufsteht, desto mehr ist Gott in ihm. Was im Menschen gut ist, ist Gottes Werk in dem, der wieder aufsteht.

Und da Margareta große Übel in sich erkannte, konnte sie sich nicht lieben, sondern verachtete sich. Da sie nichts Gutes in sich hatte, war sie so arm. Und aus Dankbarkeit, dass Gott ihr so viel Gutes tat, obwohl sie nichts hatte, war sie wundersam verstört.

Die Schönheit der Armut liegt darin, dass sie immer größer wird; der Mensch wird immer ärmer, damit er erkennt, dass er niemals auf Erden zufriedengestellt werden kann, denn, je ärmer er ist, desto mehr Reichtum muss man ihm geben, um ihn reich zu machen. Und je mehr Gott gibt, desto mehr wird er gelobt.

Daran erkennt man die Armen, dass sie in Hungerszeiten das, was die Reichen wegwerfen, mit Dankbarkeit annehmen. So ging es Margareta: das, was anderen klein erschien, achtete sie als groß. Wenn sie an den Reichtum dachte, der Gott ist, und welche Reichtümer ihr später zuteilwürden, sah sie ganz klar vor Augen, welche und wie überwältigende Reichtümer dies seien im Vergleich zu

---

[53] M. : « *septies* in die *cadit iustus* et fortior *resurgit* » ; V. : « *Septies enim cadet justus, et resurget* » ; EÜ: „Denn siebenmal fällt der Gerechte und steht wieder auf".

ihrer großen Armut, die sie in sich verspürte. Wie sie sich in ihrem Herzen verabscheute, sah sie, welche Freude Gott einst für sie sein werde. Wenn einem Armen das Minimum schon als Maximum erscheint, was wäre, wenn man ihm das Maximum gäbe? So verstand sie, dass das, womit Gott sie einst erfüllen und beglücken werde, unermesslich groß sein müsse.

Eines Tages empfing sie durch diese Hoffnung allein eine solche Dankbarkeit, dass ihr Herz es nicht mehr aushalten konnte. Diese Hoffnung hatte sie nicht etwa, weil sie irgendeine Belohnung oder einen Lohn erhalten wollte, sondern weil sie nicht Gott seines Lobes in ihr berauben wollte. Denn wenn Gott sich nicht um die kümmerte, die ihn mit reinem Herzen lieben, so wäre das nicht zu seinem Lob. Der, der gut gearbeitet hat, will bezahlt werden; sie aber dachte, nichts verdient zu haben, und schielte daher nicht nach einer Bezahlung; sie war ärmer als alle Armen und Gottes kleine Arme, gänzlich abhängig von seiner Barmherzigkeit jetzt und in der Zukunft. Und das war die größte Tröstung ihres Herzens, dass sie allen, die im Himmel und auf Erden sind, als die Ärmste und Verachtenswerteste erscheinen musste. Sie war sicher, dass sie tief unter den anderen lag. Das kam von der Gnade, die ihr gegeben war und die sie niederdrückte, und von ihrem Gefühl, unwürdig, verachtenswert und verachtet zu sein.

Kapitel 37.

Sie begehrte, Gott möge ihr zeigen, was für ihn am lobenswertesten sei in ihr oder einem anderen. Er zeigte ihr fünf Tugenden, die höher stehen als alle anderen.

Von der ersten haben wir schon gesprochen, das ist der Abgrund der Armut.

Die zweite ist, dass wir weise Gott begehren. Weise ist dieses Begehren, wenn es mit aller Kraft alles tut, damit Gott in uns gelobt werde. Die Schönheit dieses Begehrens ist, dass der Hunger immer wächst, denn, wenn Gott dieses Begehren stillt, wird er umso mehr gelobt. Wenn die Seele lange gewartet hat, wird Gott mehr Lob erhalten, wenn ihr Begehren erfüllt ist, und sie wird es umso gieriger in Empfang nehmen.

Die dritte ist ein starker Glaube. Nicht nur der Glaube, dass Gott Mensch geworden ist, dass er gelitten hat usw. Sondern ein solcher Glaube des Herzens, dass dem Menschen nichts unmöglich scheint, denn Gott kann ja mit ihm machen, was er will. Die Schönheit dieses Glaubens ist, dass der Mensch glaubt, was er nicht weiß. Denn wenn es ein Wissen wäre, wäre es kein Glaube, und je geheimnisvoller der Glaube ist, umso lobenswerter ist er für Gott, wenn das, was geglaubt wird, sich einst in wahrer Erkenntnis bewahrheiten wird.

Die vierte ist die Hoffnung, die erhofft, was sie glaubt, ohne daran zu zweifeln. Die Schönheit der Hoffnung ist, dass sie immer wächst. Und wenn die Hoffnung wächst, wächst auch die erhoffte Gabe. Denn wenn Gott sofort die Hoffnung erfüllen würde, wäre sie keine Hoffnung mehr und die erhoffte Gabe wäre kleiner. Je mehr und je länger die erhoffte Gabe also auf sich warten lässt, desto größer wird sie sein und erscheinen, wenn sie dann gewährt wird.

Die fünfte ist die Geduld, mit der der Mensch geduldig erwartet, was er erhofft, bis Gott es ihm gewährt. Das demütige und arme Herz will vieles begehren, aber seine große Armut macht die Seele schüchtern im Begehren. Dass sie viel begehrt, obwohl sie in großer Armut lebt, kommt von der Erkenntnis des Ausmaßes der Güte Gottes, denn er ist noch großzügiger im Geben als sie mutig ist, zu empfangen; daher ist nichts lobenswerter in der demütigen Seele als in vollem Vertrauen viel zu begehren. Ein großes Begehren kann es nicht ohne großen Glauben geben. Eine solche Seele hat nichts, was sie so mutig machen könnte, außer dem großen Glauben allein. Und dieser Glaube muss so stark sein, als wenn die Seele schon mit ihren Augen sähe, was sie begehrt. Die Hoffnung muss noch stärker sein, als wenn sie schon besäße, was sie erhofft, denn wenn sie es schon hätte, könnte sie es aus Schwachheit verlieren. Denn die Seele, solange sie auf Erden ist, muss vielen Angriffen standhalten, daher kann sie sich keines Besitzes sicher sein. Aber Jesus Christus, unser Treuhändler, behält alles, was sie erhofft, und wird es ihr zu dem Zeitpunkt treu zustellen, an dem es für sie am nützlichsten und für ihn am lobenswertesten ist. Die Geduld muss so groß sein, dass es ihr genauso viel Freude macht, das Begehrte zu erhoffen, als wenn sie es schon erhalten hätte.

All dies war perfekt in Margareta.

Kapitel 38.

Sie konnte diese große Gnade und die Erkenntnis, die Gott ihr einflößte, nicht alleine tragen, sondern sie ließ sie allen zugutekommen, die zu ihr kamen, je nachdem, wie viel sie davon erfassen konnten. Denn sie begehrte, wenn es möglich gewesen wäre, dass jeder vollkommener werde als sie selbst. Zu Anfang, als Gott anfing, sie mit seiner Gnade zu berauschen, dachte sie sogar, dass alle Menschen dieselbe Kenntnis und dieselbe Gnade besäßen wie sie. Aber wenn sie anfing, darüber mit anderen zu reden, wurde sie eines Besseren belehrt. Sie beschwerte sich bei Gott, niemanden zu finden, der die gleiche Erkenntnis habe wie sie. Gott aber antwortete: „Sei versichert, dass unter denen, die zu dir kommen, dir keiner gleich kommt an Erkenntnis oder an Leid." Da erwiderte sie:

„Herr, solange es solche Menschen gibt für dich, selbst wenn sie woanders sind und ich sie nicht sehen kann, so freue ich mich. Wenn du mich also nicht darüber hinwegtrösten kannst, dass ich niemanden finde, der dieselbe Erkenntnis und dieselbe Gnade erhalten hat wie ich, so musst du allein, Herr, mir helfen, meine Last zu tragen."

Und sie fügte hinzu: „Herr, schicke mir aber trotzdem solche, die ich belehren kann, damit sie zu der Erkenntnis deiner vollkommenen Liebe kommen." Das versprach ihr Gott und sagte:

„Alle die, die ich dir geben will, habe ich besonders auserwählt für dich, und keiner von ihnen wird verloren gehen, wenn er deiner Lehre folgen will, und sie werden mir mehr Lob darbringen als andere."

So fing sie an, den Bruder, von dem wir oben gesprochen haben, zu belehren und ihm die Kenntnis darzulegen, die Gott ihr eingeflößt hatte. Sie begehrte sehr und mit großen Schmerzen ihres Herzens, dass Gott ihm dieselbe Kenntnis und dieselbe Liebe gewähre, die sie selbst empfangen hatte. Nie hatte sie für jemanden so leiden und büßen müssen, wie für diesen. Und sie begehrte von Gott, dass er ihr für diesen besonderes Leid auferlege. Sie wollte nicht durch ihr Leid Gott quasi zwingen, sondern dass Gott es aus Güte tue. Sie wollte nicht nur für diesen leiden, sondern auch für all die, die Gott speziell für sie erwählt hatte. Sie wollte für sie leiden, denn so mussten sie Gott für ihre Treue ihnen gegenüber loben, die Gott ihr eingegeben hatte. Sie wollte auch nicht, dass ihre Freunde ihr dankbar seien für so viel Leid und Treue, sondern nur dem Herrn Jesus Christus. Sie wusste wohl, dass der oben genannte Bruder blind war, was all dies anging, denn er begehrte immer Tröstungen und geistliche Freuden, die er früher empfangen hatte, und erwartete große Belohnungen von Gott.

Kapitel 39.

Wenn Margareta in großer Betrübnis lag und ihm davon erzählte, hörte dies dieser Bruder nicht gerne zu, sondern verließ sie, sobald er konnte. Man musste ihn erst dazu bringen, ihr zuzuhören. Denn sie erzählte ihm so unglaubliche Dinge, die dem, der ihr zuhörte, sehr angenehm waren. Es lag ihr am Herzen, dass dieser Bruder, wenn er mit ihr in ein vertrauliches Verhältnis käme, dadurch von Gott besonders erleuchtet würde.

Kapitel 40.

Nachdem Margareta zwei Jahre lang in dieser (Jes. 38,15)[54] *Betrübnis der Seele* gelitten hatte, sagte Gott ihr zu, dass er ihr ihre Sünden vergeben wolle, wenn sie nur dessen sicher sein wolle. Aber wenn sie auch großes Vertrauen zu Gott hatte, wollte sie dessen durch einen anderen Zeugen versichert sein, also dass jemand ihr sage: „Gott hat dir deine Sünden vergeben, sei also sicher, dass sie alle vergeben sind." Der Grund für dieses Begehren war, dass sie um so besser die Güte Gottes erkannte, wenn er einem anderen zeigte, dass ihre Sünden vergeben seien, als ihr selbst. Aber sie musste Gott mehr dafür

---

[54] M. : « *in amaritudine anime* sue » ; V. : « *(Recogitabo tibi omnes annos meos) in amaritudine animae meae* » ; EÜ: „denn meine Seele ist verbittert".

danken, dass er sie für würdig befunden hatte, von ihm selbst getröstet zu werden als von jemand anderem.

Kapitel 41.

Einmal, am Tag des heiligen Andreas, als Margareta sich (Jes. 38,15)[55] *in großer Trübsal* plagte, kam dieser Bruder zu ihr und fand sie so elend, dass sie kaum sprechen konnte; da sprach er harte Worte zu ihr: „Wie lange willst du dich selbst zerstören und dich abtöten? Wenn du nicht damit aufhörst, werden weder ich noch irgendein anderer Bruder zu dir kommen. Mir wäre es lieber, du stürbest ohne uns als mit uns."

Sie aber ertrug es geduldig und sagte: „Es muss so sein, denn selbst, wenn ihr mich verlasst, wird Gott mich niemals verlassen." Und sie blieb fröhlich sitzen, wie immer, als ginge sie das alles nichts an. Dann dachte sie: ,Wie gut Gott ist zu ihm, und wie diese Trübsal ihm so unbekannt ist, in der du so tief steckst!'

Da fragte sie ihn, ob er ihre Beichte hören wolle aufgrund der heiligen Passion Jesu Christi. Er sagte gerne zu, wenn sie dies für gut hielt. So ließ er sie in dieser Erwartung bis zum Vorabend von Weihnachten. Dann hörte er ihre Beichte, und sie war davon so erleuchtet und erleichtert, dass all ihre Trübsal wegen ihrer Sünden verschwand. Der Bruder sagte zu ihr: „Sei versichert, dass Gott dir all deine Sünden erlassen hat." Was sie aber noch mehr tröstete als dies, war, dass Gott diesen Bruder für diese Aufgabe bestimmt hatte und dass sie durch ihn getröstet wurde.

Oft, wenn sie ihm unsägliche Wunder erzählte, hörte er gerne zu, gab aber drei oder vier Jahre lang nichts darauf. Er machte sich oft über sie lustig, wenn sie ihm große

---

[55] M. : « *in* magna *amaritudine anime* » ; *cf.* vorige Anmerkung.

Dinge anvertraute. Denn er sagte: „Bald wirst du dich für sehr heilig und groß halten." Darauf antwortete sie: „Ich bin nicht groß, aber Gott ist groß in mir. Jesus Christus weiß wohl, dass es seine Liebe und meine treue Sorge für euer Heil sind, die mich dies alles sagen lassen."

Sie hatte wenig übrig für die geistlichen Tröstungen, die der Bruder gewöhnlich empfing.

Kapitel 42.

Eines Tages, als er nicht auf ihre Worte achtete, dachte sie: ‚Was mühst du dich mit ihm ab? Lass ihn gehen, denn deine Mühe um ihn ist umsonst.' Da hat Jesus Christus sie hart herangenommen und gesagt: „Hör nicht auf, für ihn zu begehren, und schick ihn nicht weg. Ich habe ihn besonders erwählt, denn ich werde großes Lob von ihm erhalten auf Erden und im Himmel."

Da begehrte sie, dass alle die, die seine Predigt hörten, von ihm Tröstung und besondere Gnade erhielten. Und sie war sich dessen sicher.

Die selige Jungfrau brachte Margareta dazu, diesem Bruder zu sagen, dass er nicht oft genug von ihr predige und ihr Lob darbrachte; sie wollte, dass ihr Sohn jedes Mal, wenn der Bruder sie in seiner Predigt erwähnte, in besonderer Weise durch sie gelobt werde. Der Bruder kam dieser Bitte oft nach, aber nicht immer. Aber jedes Mal, wenn er es nicht tat, empfand er Reue.

Kapitel 43.

Einmal, zu Ostern, versicherte die selige Jungfrau Margareta, dass alle, die verstört seien und deren Seele in Gefahr sei, erhört würden, wenn sie zu ihr beteten und sie an die Tröstung erinnerten, die sie selbst empfangen hatte, als ihr Sohn von den Toten auferstanden ist. Diese Tröstung der seligen Jungfrau bei der Auferstehung von den Toten ihres Sohnes war vierfaltig.

Die erste Tröstung war die, ihren Sohn, der vor ihren Augen armselig gekreuzigt worden war, wieder lebendig zu sehen.

Die zweite, dass durch ihren Sohn das Menschengeschlecht erlöst wurde, was sie so lange ersehnt hatte.

Sie erhielt eine dritte Tröstung dadurch, dass ihr ein großes Gewicht vom Herzen fiel. Denn sie hatte gesehen, dass ihr Sohn, dessen mehrjähriges Leid sie vorhergesehen hatte, was ein schweres Gewicht auf ihrem Herzen war, wieder auferstanden war. Daher wusste sie, (cf. Röm. 6,9)[56] dass *Jesus Christus, auferstanden von den Toten, nicht mehr sterben wird.*

Die vierte Tröstung war, dass die ganze Welt durch ihr Fleisch erlöst wurde. Und alle, die durch Jesus Christus, geboren aus ihr, ins Himmelreich kommen, werden mit diesem Leib bekleidet sein.

Während dieser Zeit um Ostern hat Jesus Christus Margareta erleuchtet, dass sie erkenne, wie er seine Mutter mehr als sein eigenes Menschsein geehrt hatte. Denn er wurde drei Tage lang begraben. Unser Liebfrauen aber verbrachte keine einzige Nacht unter Erde. Sie erkannte, dass die selige Jungfrau in der dritten Stunde gestorben ist und die Engel sie weitab jeder Grabstelle hielten und ihren Körper auf dem Ölberg pflegten, bis Christ von hier aus gegen den Himmel fuhr. Da erschien

---

[56] M. : « *Ihesus Christus resurgens ex mortuis iam non* moritur » ; V. *idem* (nur *Jhesus* fehlt wie in einer der Handschriften) ; EÜ: [wir] wissen, dass Christus, von den Toten erweckt, nicht mehr stirbt".

ihr Christ mit allen Heiligen und erhob sie in ihrem Körper über alle Engelschöre.

Margareta gewöhnte sich an, Gott sehr in der seligen Jungfrau zu loben, und besonders in jedem ihrer Glieder, und sie lehrte viele diese besondere Andacht. Die selige Jungfrau versicherte ihr, dass sie sie in allem erhören werde.

Es war da eine Behinderte, die seit fünf Jahren litt. Kurz vor ihrem Tod erschien ihr die selige Jungfrau und sprach zu ihr: „Kennst du nicht diese Mutter, die an jenem Ort als Rekluse lebt?" Denn Margareta war noch nicht an den anderen Ort übergesiedelt, wo sie später sterben sollte. Sie antwortete: „Nein, aber ich habe viel von ihr gehört." Da sprach die selige Jungfrau: „Sie lobt mich gewöhnlich in all meinen Gliedern und sie liebt mich so sehr und denkt so gut an mich, dass ich sie in allem erhören muss." Sie offenbarte der Sterbenden, wie Margareta sie lobte, wenn sie das *Ave Maria* betete. Sofort bat die Sterbende ihre Mutter, zu Margareta zu gehen und ihr dies alles mitzuteilen. Margareta wusste sofort, dass alles so war, wie sie es gehört hatte. Dass die selige Jungfrau sie „Mutter" genannt hatte, erfüllte sie mit so großer Dankbarkeit, und durch diese Dankbarkeit und das Lob Gottes mit einer solchen Gnade, dass sie von Sonntag bis zum sechsten Festtag kaum jemandem antworten konnte. Selbst wenn sie großes Vertrauen zu Gott hatte, bat sie oft die selige Jungfrau, für sie und ihre Freunde zu beten, denn sie erhörte sie immer in besonderer Weise, und es ehrte Jesus Christus, ihr eine so gute Mittlerin gesandt zu haben. Sie lobte Gott um so mehr, als er ihr für diesen Auftrag seine sehr heilige und sehr vorzügliche und sehr wunderbare Mutter gesandt hatte. Die selige Jungfrau versicherte Margareta, dass sie in ihrer Sterbestunde kommen werde und dass sie im Himmelreich eine ihrer liebsten Gefährtinnen sein werde.

Kapitel 44.

Margareta litt seit fünf Jahren, als sie von einem so glühenden Begehren erfasst wurde, dass sie fürchtete, den Verstand zu verlieren, denn ihr Schmerz war groß und ihr Leib zu schwach; sie hatte selbst um große Schmerzen und wenig Trost gebeten, und Gott hatte ihre Bitte erhört. Zusätzlich hat er ihr noch Kopfschmerzen[57] geschickt, damit ihre Schmerzen noch schwerer zu ertragen seien. Sie hatte diese Schmerzen, wenn sie betete. Wenn sie nicht betete, dann zwangen Treue und Liebe sie zum Nachdenken darüber, was nützlich wäre. Oft war sie so verängstigt, dass sie sagte: (Matth. 27,46)[58] *„Gott, mein Gott, warum hast Du mich verlassen?"* Und sie fügte hinzu: „Du musst mich verschonen, denn ich habe mich ganz dir gegeben und ich bete nicht für mich, sondern gehöre der ganzen heiligen Kirche."

Nach diesen fünf Jahren versicherte ihr Jesus Christus, dass sie nie den Verstand verlieren werde. Es war nützlich für sie, Schmerz zu begehren, denn dies war das Leben ihrer Seele. So begehrte sie und sprach: „Lieber Herr, du könntest die, die in der Hölle sind, trösten, wenn du mich mitten unter sie brächtest, damit sie eine Seele sähen, die dich liebt." Da antwortete er:

„Das mache ich nicht. In ihnen wird meine Gerechtigkeit in der Hölle gelobt. Selbst wenn sie sie nicht loben, so wird

---

[57] Wörtlich : „eine Geißel im Kopf".

[58] M. : « *Deus, Deus meus, ut quid me dereliquisti ?* » ; V. : « *Deus meus, Deus meus, ut quid dereliquisti me ?* » ; EÜ: „Mein Gott, mein Gott, warum hast Du mich verlassen?"

sie doch durch sie gelobt. Nie würde das Gute sie so berühren, dass sie wüssten, was Liebe ist und was es heißt, mich (Mark. 12,33)[59] *von ganzem Herzen zu lie*ben. Selbst wenn es möglich wäre, sie zu retten, so möchte ich doch lieber auf sie alle verzichten als auf dich allein, denn meine Gnade und meine Güte werden in dir ewig gelobt werden. Was willst Du in der Hölle? Wenn du dorthin kämst, ginge es dir genauso gut wie im Himmel. Denn nichts brennt dort außer der Sünde. Von dieser bist du frei und die Höllenqualen können dir deshalb nicht schaden. Nichts trennt dich von mir außer deinem Körper. Aber ich will dir in deinem Körper das Leben zur Hölle machen."
Und so geschah es.

Kapitel 45.

Es gibt sieben Qualen in der Hölle: Hitze, Kälte, Dunkelheit, Gestank, Würmer, Entsetzen und Unfähigkeit des Willens. Was aber wirklich höllisch ist, ist das Fehlen der Liebe; aber das Leid der Seele, die in der Liebe lebt, ist eine geistliche Hölle.

Die Hitze der Hölle kommt von der Liebe, die die Seele für Gott hat und Gott für die Seele. Die Seele erstickt fast in der Glut dieses Feuers. Wegen ihrer zu großen Schwäche kann sie nicht ihren Liebsten schmecken wir vorher. Trotz dieser großen Schwäche denkt sie, sooft sie kann, an ihren Liebsten. Sie könnte nie daran sterben, aber die Schwäche des Körpers hat sie quasi getötet.

Wenn sie nicht ihren Liebsten schmecken kann, fühlt sie sich tot, und das ist die Kälte der Hölle.

---

[59] M. : « *diligere toto corde* » ; V. : « *ut diligatur ex toto corde* » ; EÜ: „und ihn lieben mit ganzem Herzen."

Solange sie lebt und sich an ihrem Liebsten erfreuen kann, ist ihr Begehren so groß, dass sie immer gerne vor Liebe sterben würde. Wenn dann ihr Begehren wächst, ist der nachfolgende Tod um so stärker.

Dann ist sie so gebunden und in ihrem Körper begraben, dass sie kaum noch an ihren Liebsten denken kann; sie ist dann in der Dunkelheit, denn sie sieht ihren Liebsten nicht. Und solange sie in diesem Tod und dieser Dunkelheit bleibt, um so größer und stärker ist das ewige Leben, wenn sie wieder aufersteht, das heißt, wenn sie wieder zu sich kommt. Deshalb tötet sie Gott, damit das Leben ihr umso kostbarer sei, wenn er ihr die Möglichkeit gibt, zu denken, und um sie zu lehren, dass sie dieses Leben nicht von sich selbst hat, sondern dass Gott ihr Leben ist.

Wenn sie von ihm entfernt ist, scheint ihr die Zeit lange, weil sie nichts von ihm erhält, sondern sie bleibt in sich allein, ganz arm und verlassen. Sie ist dann in einer solchen Not, dass sie jedes Mal durch ein Wunder gerettet werden muss. Sie versteht, dass dies ein Wunder ist, denn eine solche Seele versteht alles besser als andere. Es erscheint ihr als ein größeres Wunder, wieder zu sich zu kommen, als wenn sie von einem natürlichen Tod wieder auferstanden wäre, wenn es ihr möglich wäre, zu sterben. (Hoheslied 8,6)[60] *Die* vollkommene *Liebe ist stärker als der Tod*, deshalb ist es ein größeres Wunder, so wieder zum Leben zu kommen, als vom Tode aufzuerstehen. Und wenn sie wieder zu sich kommt, ist sie so aufgeregt, dass Gott sich von ihr fernhalten muss, weil sie die Erleuchtung, die sie durch diese Kenntnis erhält, nicht aushalten kann.

---

[60] M. : « *caritas fortior* est quam *mors* » ; V. : « *fortis est ut mors dilectio* ; EÜ: „stark wie der Tod ist die Liebe."

Wenn jemand einen guten Freund hätte und dieser für längere Zeit nicht da wäre, dann wäre seine Freude umso größer, wenn er wiederkäme. Freunde, die sich immer sehen, sind weniger bewegt. Und Gott erlaubt es dieser vollkommenen Seele, ihm fern zu sein, weil er will, dass alles, was er in ihr wirkt, vollkommen sei.

Jedes Mal, wenn eine solche Seele mit Gott ist, begehrt sie, dass die Größe Gottes sich in ihr offenbare. Er ist groß in sich, und seine Größe muss anerkannt werden durch die Wunder, die er in der Seele wirkt. Und wie die Seele begehrt, dass Gott sich in ihr als groß erweise, so begehrt Gott, dass die Seele groß sei in ihm. Und das umso mehr, als er treuer ist und vor Liebe überläuft, denn er ist ohne Maß. Ein solches Begehren führt zu einem großen inneren Kampf, denn die Seele will nichts sein. Aber Gott will, dass sie groß sei. So spricht Gott zu ihr:

„Du willst, dass ich groß sei in dir, und diese Größe, in der ich mich in dir offenbare, ist die Gnade, die ich dir gewähre. Wenn du willst, dass sich meine Ehre in dir offenbare, das heißt, dass ich in dir gelobt werde, musst du die Auszeichnung annehmen, die ich in dich lege."

Da fragt die Seele: „Lieber Herr, was ist meine Größe? Ich bin nichts." Und er antwortet:

„Deine Größe ist, dass du hier viel leidest, und dass dieses Leid schwer zu ertragen ist. Aber ich gebe dir dieses Leid nicht, weil ich dich gerne leiden lasse. Der Bauer sät den Samen nicht für das Stroh; er pflanzt keinen Baum seiner Blätter wegen, sondern wegen seiner Früchte. So mache ich es mit dir: wegen der Tugenden, die du nicht ohne Leid erwerben kannst, schicke ich dir verschiedene Leiden. Es gibt keine Tugend ohne die Anstrengung, die die Tugend beweist. Diese Anstrengung, das ist das Leiden der Seele, und je größer und mannigfaltiger dieses ist, desto vollkommener werden die Tugenden in der geprüften Seele. Wenn die Seele wieder zu sich kommt, nützt ihr all das, was Gott ihr gesagt hat, gar nichts, denn sie gibt ihm alles wieder und bleibt arm und unwürdig und sieht schlecht, dass sie geehrt werden solle; denn sie verabscheut sich und verachtet sich in ihrem Herzen, denn sie sieht wohl, dass sie dieser Ehre völlig unwürdig ist."

Sie sagt: „Lieber Herr, wie kann es einem großen Herrn wie dir gefallen, dich mit einer so verachtenswerten Seele abzugeben?" Er antwortet:

„Je größer die Verachtung in dir, umso größer ist auch mein Lob in dir, denn ich habe dir die Dinge gegeben, derentwegen du dich verachtest, damit mein Lob in dir deswegen umso größer sei; und ich würde es nicht zulassen, dass du so leidest und beladen bist, wenn ich dich nicht dadurch vervollkommnen wollte. In meinem Reich bin ich umso herrlicher bei den meinen, je mehr ich dich so geduldig leiden sehe"; gerade als würde der Herr sagen: ‚Seht, meine Freunde, wie vollkommen diese Seele ist!' Und Gott spricht zu sich selbst:

„Gesegnet sei die Zeit, als ich dich für die Gnade schuf, um in dir meine Güte zu offenbaren, denn du wirst für mich eine Ehre und ein besonderes Lob sein unter den Töchtern Jerusalems. Du bist die Herrin der Liebe, denn du zierst ganz besonders meine Krone. Denn du versiehst sie mit seltenen und kostbaren Steinen, da du mich für Dinge lobst, für die sonst niemand meine Güte lobt. Und in diesem Schmuck des vielfältigen Lobes, das du mir in deinem Leid darbringst, wirst du mich ohne Ende erkennen und mich ewig dafür loben. Ich bin dein Schreiber. In meinem Herzen sind all deine Leiden eingeschrieben; und du wirst alles in mir lesen und erkennen und wirst mich ganz besonders dafür loben. Und du wirst erkennen, dass ich immer das getan habe, was für dich am besten war."

Da bekam ihre Seele einen wundersamen Schrecken und sagte:

„Oh Herr, was lobst du in mir? Ich bin nichts. Du lobst nichts, was mein ist, sondern nur dein Werk in mir. Du kannst dich deines Werkes und der Auszeichnung, die du in mich gelegt hast, wohl erfreuen, denn du wirst in mir maßlos groß erscheinen; je unwürdiger ich bin, desto vollkommener wirst du erscheinen. Ich begehre diese Ehre für dich in mir, aber nicht für mich, denn du weißt, dass die Ehre für mich die schwerste Last ist."

Das kam davon, dass sich diese Seele so sehr selbst verachtete.

Dann denkt sie an ihre Sünden und kennt die Not der Sünder. Und das ist der fürchterliche Gestank der Hölle.

Die Seele weiß auch, dass es unter ihren guten Werken keines gibt, das sie nicht hätte besser machen können, und das ist der höllische Gewissenswurm.

Die siebte Qual, das ist der unfreie Wille. Sie bekommt nie, was sie will, und das, was sie nicht will, bekommt sie. Sie hielte sich gerne ständig in der Kenntnis und im Lob Gottes und wäre nie von Gott getrennt, doch das kann nicht sein. So blieb die Seele Margaretas bei Gott und Gott gab ihr zu verstehen, warum er dies mit ihr tat. Dieses Leid war für sie ein Himmelreich; und je mehr sie litt und ihr Leid zunahm, desto mehr nahm auch das Lob Gottes zu und wurde immer größer.

Gott offenbarte ihr auch, warum er andere Menschen bestraft hatte; wenn diese dann zu ihr kamen, konnte sie jedem erklären, warum Gott ihn betrübt hatte; und da deren Leiden mannigfaltig waren, war auch die Weisheit mannigfaltig, die Gott ihr einflößte, um diese zu belehren.

Kapitel 46.

Manchmal kamen Betrübte zu ihr, während sie halbtot vor Schmerzen da lag. Dann brachten die Liebe und das Mitleid, das sie für sie verspürte, sie wieder zum Leben. Und oft gab Gott Ihr Worte ein, an die sie nie vorher gedacht hatte, aber die ihr plötzlich eingegeben wurden. Und es schien ihr, als ob, wenn alle Betrübten der Erde zu ihr kämen, sie eine so große Weisheit erhielte, dass sie sie alle erleichtern und trösten könnte, jeden nach seinem Zustand.

Wenn sie mit den Leuten sprach, sprach sie glühend und mit großer Treue. Und selbst wenn sie aus Liebe wieder mehr Lebenskraft hatte, war doch ihr Herz durch diese Glut wie gebrochen und sie musste wieder leiden und sterben. Zuerst sprach sie nur schwach, aber ihre Kraft stieg durch die Gnade und dann sprach sie fröhlich. Sie fragte Gott oft, warum er es ihr erlaube, so fröhlich zu reden, obwohl sie so betrübt war. Da zeigte er ihr die Weisheit, das ist die Erkenntnis Gottes: der, der andere trösten will, muss es fröhlich tun, ohne betrübt zu erscheinen, denn es ist das fröhliche Wort, das andere zu trösten vermag.

Kapitel 47.

Manchmal, wenn gute Menschen zu ihr kamen und sie zu ihnen von Gott sprach, wenn sie dann zuerst schwach schien und dann immer stärker wurde, so machten sie sich über sie lustig und sagten: „Du betrügst nur die Leute." Sie war dadurch sehr verstört und fragte Gott, warum er ihr auferlege, so durcheinander zu kommen. Er antwortete, es sei, um ihr Leid zu verheimlichen.

Manchmal redete sie von belanglosen Dingen, an denen sie keinen Gefallen fand. Sie tat dies, damit niemand an ihr Anstoß nehme, denn sie wollte immer, dass die Menschen durch sie getröstet würden und nicht verstört. Wenn sie in jemandem etwas Schlechtes entdeckt hatte, ging sie zu Gott und flehte ihn ganz besonders für diesen Menschen an; sie fühlte sich unwürdig, dass Christus sie vor diesem Übel bewahre; sie lobte ihn besonders dafür und begehrte, er möge dieser Person seine Gnade schenken, wie er es für sie getan hatte, und sie ebenfalls von diesem Übel befreien.

Wenn jemand Anstoß nahm an den unerhörten Dingen, die er von ihr hörte, so hörte er doch niemals ein böses Wort über ihn aus ihrem Munde. Sie wusste wohl, dass sie der Gerechtigkeit wegen verachtet wurde, und das tröstete sie. Aber sie war wegen deren Seelenheil verstört, obwohl doch ihr Fall sie hätte trösten müssen. Sie klagte Gott, warum er es erlaube, dass jemand an ihr Anstoß nehme, wo sie doch zum Trost der Welt gegeben sei. Er antwortete:

„Niemand wird dafür verdammt, dass er an dir Anstoß nimmt, wenn er nicht für etwas anderes verdammt wird. Für die, die dazu vorbestimmt sind, wird dies der Anlass ihrer Auferstehung sein, denn dein Gebet hat den Anlass zum Ärgernis für sie in Heil verwandelt[61]. Du wirst mein Erbe erhalten. Und darin bist du mir ähnlich, denn perverse Menschen haben schlecht ausgelegt, was ich Gutes für sie getan habe. So machen sie es mit dir."

---

[61] Man kann hier eine Anspielung auf 1.Kor. 1,23f sehen: „wir aber predigen den gekreuzigten Christus, den Juden ein Ärgernis und den Griechen eine Torheit; denen aber, die berufen sind, Juden und Griechen, predigen wir Christus als göttliche Kraft und göttliche Weisheit."

Manchmal haben sich Menschen ungerechterweise von ihr abgewandt, wenn sie ihre Weisheit hörten; anstatt Gott dafür zu loben, verachteten sie die Weisheit Gottes in ihr. Aber sie hörte damit nicht auf, denn die Liebe gab ihr den Mut, ihren Zuhörern immer die Wahrheit zu sagen. Sie wollte immer Leute finden, in denen ihre Worte Frucht trügen; das war für viele der Fall, die sich durch sie gut gebessert haben. Sie setzte sich so treu für das Heil der Menschen ein, dass sie es akzeptiert hätte, die Gnade der Weisheit zu verlieren, wenn andere sich dadurch gebessert hätten. Sie sagte zu Gott:

„Ich will dich großzügig stimmen, denn du musst großzügig sein. Ich habe nichts, ich bin großzügig mit deinen Gaben und ich verteile sie treu, ohne zu überlegen, was ich verlieren könnte. Denk daran, guter Gott, und sei großzügig, denn du kannst ja niemals etwas verlieren; also gleiche doch bitte die Fehler der Menschen aus."

Kapitel 48.

Wenn sie sprach, hatte sie dafür drei Gründe.

Denn sie dachte: ‚Du siehst eine solche Weisheit in dir, wie du sie in sonst niemandem gefunden hast. Es ist gut, dass du das den anderen offenbarst, denn es ist dir nicht klar, was dir das bringt.‘

Der zweite Grund war, dass die anderen ihr halfen, ihre Dankbarkeit zu tragen, die sie für die empfangene Gnade empfand, und Gott für sie lobten.

Der dritte Grund war, dass die Menschen sich dadurch besserten.

Oft kam es vor, dass die, die ihr zuhörten, still blieben, weil sie diese Gnade nicht verspürten und um zu verhüten, dass sie hochmütig werden könnte, wenn sie sie dafür gelobt hätten. In ihrem Begehren war nichts, was hätte gebessert werden müssen, denn es war vollkommen in Erkenntnis und Weisheit. Trotzdem wurde sie oft für hochmütig gehalten, vor allem, weil sie fröhlich sprach. Denn sie dachten, das käme aus einem hochmütigen Herzen.

Sie war freundlich zu denen, die zu ihr kamen und wollte niemanden betrüben. Manchmal, wenn sie einen Fehler begangen hatten, korrigierte sie sie nicht sofort, sondern später.

Wenn sie alles hatte, was sie brauchte, fiel es ihr schwer, dies zu akzeptieren, denn sie dachte an die vielen, die in absoluter Armut lebten. Sie war genauso dankbar für die Gnade, alles zu haben, was sie für ihren Körper brauchte, als für die innere Gnade, die Gott ihr geschenkt hatte.

Kapitel 49.

Wenn sie sich zu schwach fühlte, hatte sie Schwierigkeiten, ihre Nahrung bei sich zu behalten, und sie hätte gerne große Schmerzen auf sich genommen, um nicht essen zu müssen; aber dass sie dadurch leiden musste, war ihr gleichzeitig ein Trost. Alles Essen war schmerzvoll für sie, denn ihre Gedärme waren wie verwundet. Und wenn sie schlafen ging, war es, als ginge sie zum Kreuz, denn während dieser Zeit konnte sie nichts Nützliches tun, weder Gott erkennen noch ihn loben. Sie verzichtete aber nicht vollständig auf Schlaf, sondern nahm sich, soviel sie davon brauchte. Sie wagte nie, die Bedürfnisse ihres Körpers zu vernachlässigen, wie groß auch ihr Verlangen nach dem Lob Gottes war. Manchmal fragte sie sich, welches das richtige Maß sei in Bezug auf diese Bedürfnisse, aber niemand wagte es, sie von ihrem Begehren und ihrem Gotteslob zurückzuhalten.

Kapitel 50.

Einmal, als sie allein war, wurde sie im Innern gefragt, was ein Mörder tun müsse. Sie antwortete: „Ich habe gehört, dass man ihm eine schwere Buße auferlegen muss." Da sagte Gott zu ihr: „Du bist der Mörder. Die Liebe hat dich getötet." Sie antwortet: „Wenn ich aus Liebe etwas ohne Bedacht getan habe, will ich mich wohl bessern." Sie hat verstanden, dass niemand so vollkommen ist, dass er in allem ein vollkommenes Unterscheidungsvermögen besäße.

Also wurde ihr ein Fasten auferlegt. Sie wurde zunächst von der Kirche ausgeschlossen, das heißt, von der Kenntnis Gottes, derer sie sich entziehen musste, so dass sie nicht mehr an Gott zu denken wagte wie vorher. Die Geduld, mit der sie diese Armut ertrug, war ihr Fastenkleid. Ihr Mantel war die Hoffnung, dass Gott sie nie verlassen würde, selbst wenn sie ihn verlassen hatte, und dass er dieser Armut ein gutes Ende bereite. Der Gehorsam war ihr Pilgerstab, denn sie gehorchte dem Rat, sich zu schonen, den ihr jemand gegeben hatte. Vorher konnten alle Heiligen sie nicht davon abhalten, immer zu Gott zu kommen; aber der Gehorsam gegenüber diesem Mann hat sie zu diesem Verzicht gezwungen. Vor dieser Fastenzeit fand sie Ruhe nur in Gott; aber dann musste sie auf Stroh schlafen. Dieses Stroh, das war ihr armer kleiner Leib, den sie mit Stroh verglich. Vorher war Erkenntnis die Speise ihrer Seele, sowie Freude und das Lob Gottes; aber während des Fastens waren es Banalitäten, denn sie musste oft mit Leuten reden und sich um belanglose Dinge kümmern, um ihren Körper nicht zu zerstören.

So hat sie gefastet von der Osteroktav bis zum Abend vor Pfingsten. Während dieser Fastenzeit ist sie zwar manchmal zur Erkenntnis gelangt, musste sich davon aber immer schnell wieder entfernen. Dieses Fasten war ihr von Gott auferlegt, denn Gott wollte wissen, ob es etwas gäbe, das so schwer sei, dass sie es nicht für ihn ertragen wollte; und diese Entfernung von Gott schien ihr schlimmer als jegliche Buße, die sie je ertragen hatte. Trotzdem fand sie nichts zur Stärkung ihres Körpers, sie lag in schwerem Leid. Gott gab ihr die Stärke, das Leid zu ertragen, je nach Intensität des Leides. Denn es war ein Wunder, dass sie dies ertragen konnte, für ihren schwachen Leib wäre dies normalerweise unmöglich gewesen. Wenn Gott zu ihr kam, musste er seine Stärke mitbringen. Aber er erlaubte immer die Schwere des Leidens und gab ihr nur gerade so viel Trost, dass sie es ertragen konnte.

Oft fragte sie Gott, warum er sie bis zu den Fingerspitzen auf die Probe stellte und sie so arm sein ließ, wo er doch so reich sei an Kraft. Da antwortete er:

„Du musst deine Last aus eigener Kraft tragen, wie ich meine allein tragen musste. Dein Leid wäre nicht groß, wenn ich dir große Kraft gäbe. Die Kraft, die deine Seele von Natur aus hat, muss deine Last tragen, und je schwerer sie zu tragen ist, desto ehrenwerter ist dein Ausharren in meinen Augen."

Sie wusste, dass Christus von Geburt an gelitten hatte. Denn da Gott Mensch geworden war, war alles, was für den Menschen schwer ist, auch schwer für Christus. Das erklärte sie sich so:

‚Dir ist nur eine kleine Liebe gegeben, und deine Last ist groß. Wie groß musste diese für Christus sein, der von unermesslicher Liebe war? Wenn ein kleiner Funke dich so entzündet, dass die Hitze deine Gebeine durchdringt, was meinst du, was das für Christus war, der ganz im Ofen lag?

Christus konnte alles ertragen, was er wollte, denn die Kraft, um das Leiden zu ertragen, war diesem proportional.'

Kapitel 51.

Sie kannte das dreifache Leiden Christi:

Das erste war die große Dankbarkeit seiner Seele, das Lob seines Vaters vermehren zu dürfen.

Das zweite war seine Treue gegenüber der heiligen Kirche. Er hätte gewollt, dass die Menschen ihn kennen und lieben, aber sie waren für diese große Liebe undankbar.

Das dritte war, dass er voller Hingabe[62] an die Menschen war, es aber nur wenige gab, denen er sie zukommen lassen konnte. Deswegen hat er auf dem Kreuz gesagt: (Joh. 19,28)[63] *„Mich dürstet."* Dieser Durst war das Zeichen für das Heil der Menschheit. Sie aber gaben ihm die Galle ihrer Sünden zu trinken, denn sie waren gegen ihn. Margareta verstand, dass das Gebet Christi, weswegen (Luk. 22, 24)[64] *er Blut schwitzte,* als er sagte: (Matth. 26, 39)[65] *„ist es möglich, so gehe dieser Kelch an mir vorüber",* seine Angst und seinen unermesslichen Schmerz ausdrückte. Doch trotz seiner Angst wollte er trotzdem das Heil der Menschen, und seine Liebe war so stark, dass sie seine Angst überwand. Deshalb fing er an,

---

[62] *pietas.*

[63] M. : « *Sitio* » ; V. *idem* ; EÜ: „Mich dürstet."

[64] Der Text gibt Luk. 22,24 an, aber es handelt sich um den Vers 44 desselben Kapitels. M. : « *sudor sanguinis* » ; V. : « *(Et factus est) sudor ejus (, sicut guttae) sanguinis* » ; EÜ: „sein Schweiß war wie Blut, das auf die Erde tropfte".

[65] M. : « *Si possibile est, transeat a me calix iste* » ; V . *idem* ; EÜ: „wenn es möglich ist, gehe dieser Kelch an mir vorüber."

Blut zu schwitzen, als er sagte: (Matth. 26,42)[66] „*dein Wille geschehe*", was eher seiner Liebe als seiner Angst zuzurechnen ist; es waren beide in ihm, aber nicht in gleichem Verhältnis. Daher kann man ableiten, dass die Liebe Christi hervorragender war als die der anderen. Denn wenn die Menschen sich erhitzen, so dass sich ihr Blut unter der Haut staut, werden sie rot; aber die Haut Christi barst und das Blut trat hervor.

Kapitel 52.

Wenn Margareta in die Kenntnis Gottes eintreten sollte, empfand sie zunächst große Angst, aber die Liebe zu dieser Kenntnis, für die sie leiden sollte, gewährte ihr eine Frucht des Trostes tausendmal besser als die Angst vor dem Leiden.

Kapitel 53.

Sie erfuhr von der seligen Jungfrau, wie sie sich zu verhalten hatte, wenn sie den Leib Christi empfing. Zunächst war die selige Jungfrau rein und ohne Sünde, aber Margareta erkannte ihre Sünden; sie war daher um so dankbarer dafür, dass derselbe Gott, der zu einer reinen Jungfrau hatte herabsteigen wollen, nun zu einer Sünderin kommen wollte. Aber sie dachte, dass es Gott nicht geziemte, zu ihr zu kommen, bevor er nicht all ihre Sünden getilgt hätte. Sie bat ihn daher, sie zuvor reinigen zu wollen, da es ihm zustand, dass ihm ein würdiges Heim bereitet werde. Und selbst, wenn sie sich nicht für rein hielt, vertraute sie Gott, dass er, bevor er komme, ihr alle Sünden vergeben und sie von allem Schmutz reinigen werde. Denn sie wusste, dass das Lob Gottes darin

---

[66] M. : « *fiat voluntas tua* » ; V. *idem* ; EÜ: „geschehe dein Wille".

besteht, dass er viel vergibt, dass er sich selbst gibt, und dass er immer und immer noch mehr gibt.

Zweitens empfing die selige Jungfrau den Sohn Gottes in großer Demut. Davon hatte Margareta genug, denn sie dachte, sie habe nichts Gutes in sich.

Drittens hatte die Jungfrau Maria ein großes Begehren, Gottes Sohn zu empfangen; dieses Begehren hatte Margareta ebenfalls, denn sie war ihr ganzes Leben nichts als Begehren. Und wenn sie den Leib Christi empfing, nahm sie ihn mit sehr großem Begehren.

Viertens empfing die selige Jungfrau Jesus Christus mit großer Weisheit. Und so empfing Margareta den Leib Christi mit großer Einsicht. Denn, wie die selige Jungfrau den Sohn Gottes empfing, damit Gott gelobt werde, so empfing Margareta den Leib Christi, damit Gott in allem gelobt werde. Anders hätte sie es sich absolut nicht vorstellen können, wie Jesus Christus sich zu so einem üblen Herzen herablassen könnte.

Fünftens empfing die selige Jungfrau Jesus Christus mit großer Treue, denn dies geschah zum Heil der ganzen Welt; so tat Margareta, für die Welt, für alle, denen jemals Gnade gewährt wurde, den Lebenden und den Toten. Sie dachte:

„Herr, du hast dich der ganzen Welt gegeben, als du auf Erden kamst, das heißt, in den Körper der seligen Jungfrau; tu mit mir ebenso, wenn du zu mir kommst, die ich Erde bin. Komm für das Heil der Welt."

Sechstens empfing die selige Jungfrau Jesus Christus mit großer Liebe. Und Margareta hatte sehr viel Liebe.

Siebtens kam die Dankbarkeit. Margareta empfing den Leib Christi mit großer Dankbarkeit. Denn sie dachte daran, wer er sei und wen sie da empfing, und wie groß er sei und wie er gekommen sei, mit all seinen Tugenden;

und zu wem er kam, einer unwürdigen, armseligen Sünderin; und warum er kam, aus reiner Güte, denn nichts anderes zwang ihn dazu. Und was wollte er? Nichts anderes als unser Heil und dass er dafür gelobt werde.

Darum begehrte sie, dass die selige Jungfrau und alle Heiligen Gott besonders dafür lobten. Ihre Dankbarkeit war so groß, dass, wenn irgendein Heiliger Gott hätte so loben können wie die selige Jungfrau, sowie all die, die zu Gott kommen sollen, all die, die in der Hölle sind und die, die auf Erden sind, das alles wäre nichts[67] im Vergleich zu dem Lob, das sie für Gott begehrte. Sie sprach zu den Heiligen:

„Liebe Brüder und Schwestern, ihr tut gut, Jesus Christus für mich zu loben und ihn mit aller Kraft zu lieben; selbst wenn euer Lob mich weder trösten noch mir genügen kann, bin ich froh, dass ihr ihn für mich loben wollt."

Darum wandte sie sich an Jesus Christus, der sich ihr gegeben und ihr Lob in allem vollendet hat.

Kapitel 54.

Plötzlich spürte sie eine Süße in ihrem Mund. Gott wollte herausfinden, wie sie reagieren würde. Sie war sehr verstört durch diese Süße. Denn je mehr sie davon trank, desto mehr floss sie. Da beklagte sie sich bei Gott:

„Was geschieht mit mir? Herr, es ist mir angenehm, dass du mir deine Güte mit solcher Süße erweist. Ich nähme sie gerne an, wenn sie mich trösten könnte. Aber ich muss für die heilige Kirche begehren und diese Süße könnte mich davon abhalten. Herr, nimm sie mir bitte, damit ich immer

---

[67] Wörtlich: das wäre nur ein einziges Haar.

umso besser für deine Kirche begehren[68] kann. Gib sie denen, die Zeit haben, mit so etwas umzugehen, denn für mich ist die Bitterkeit süß genug."

Kapitel 55.

Einmal, während Karneval, lag sie da in Begehren, denn in dieser Zeit, wenn die Menschen am meisten sündigen, begehrte sie mit besonderem Eifer für sie. Sie hat sich in großer Bitterkeit bei Gott beschwert, dass viele in dieser Zeit sündigten. Sie litt sehr, mehr als üblich; es schien ihr, als könne nichts und niemand sie je trösten. Da war sie auf dem Kreuz mit Christus und begehrte das Heil der Kirche und über alles das Lob Gottes.

Sie lag nieder und verachtete sich sehr. Denn fünf Jahre vorher hatte sie fünf Dinge begehrt, wie oben beschrieben[69]. Sie hatte sie nur erhofft, ohne ihrer sicher sein zu wollen. Da gab ihr Gott gemäß seiner Würde, wie es ihm zustand, denn er wollte immer mehr geben als das, was sie begehren wollte. Er zog nicht in Betracht, was es ihr geziemte, anzunehmen, sondern gab ihr, was es ihm geziemte, zu geben, er, der allmächtig ist. Zuvor hatte Gott ihr erlaubt, zu begehren, was sie wollte, und sprach zu ihr in ihrem Herzen: „Du kannst völlig deinen Willen haben. Ich ertrage dein Begehren, also begehre, was immer du willst. Aber wisse, dass du nach einiger Zeit meinen Willen ertragen musst." Sie verstand nicht, was er damit meinte, und sagte:

---

[68] 'Begehren' hier und im folgenden Kapitel im Sinne von Fürbitte leisten.

[69] Kapitel 37 ist von fünf Tugenden die Rede, die Gott ihr zeigt: Armut, Weisheit, Glaube, Hoffnung, Geduld.

„Herr, wie soll ich das verstehen? Du weißt doch, dass ich für deinen Willen bereit bin und dass nichts, was von dir kommt, so schwer ist für mich, dass ich es nicht leicht für dich ertragen kann. Und du weißt, Herr, dass ich immer von ganzem Herzen deinen Willen begehrt habe. Wenn du befiehlst und es deinem Lob dient, führe es in mir aus."

An dem genannten Zeitpunkt also, vor der Fastenzeit, verstand sie, was Gott damals sagen wollte mit „es wird die Zeit kommen, wo du meinen Willen ertragen musst." Denn jetzt erleuchtete er sie wunderbar und zeigte sich ihr in ihrem Herzen in ungewohnter Weise, wie es kein Herz denken und keine Zunge sagen kann; das muss man erlebt haben. Denn Gott spricht:

„Meine liebe Seele, lange habe ich mich vor dir versteckt, lange habe ich dir meinen Willen verheimlicht und habe geschwiegen. Aber jetzt kommt die Zeit, wo du all dein Begehren erkennen sollst. Du wirst die Gaben deines Begehrens erkennen, denn du wirst sehen, wie all dein Begehren erhört wird über das hinaus, was du begehrt hast. Denn ich habe dich vom Mutterleibe an auserwählt; damals, als ich Mensch werden wollte, war das Größte, was ich für die Menschen tat, eine Jungfrau zur Mutter auserwählt zu haben. Du aber lebst in der Endzeit, und das Größte, was einem Menschen in deiner Zeit zuteilwerden kann, das wird dir zuteil."

Gott fing an, sich zu beschweren:

„Ich war lange ein Diener, aber nur wenige loben mich für diesen Dienst. Ich habe alles getan, was ich konnte, um das Lob meines Vaters zu vermehren. Da ich es nicht mehr selbst tun kann, erwähle ich einen Menschen, in dem ich das Lob meines Vaters vermehren will, damit er das, was so lange vernachlässigt wurde, in dieser Endzeit aufhole. Du lebst in dieser Endzeit. Wisse, dass die Menschen nie mehr so vollkommen sein werden wie zu deiner Zeit. Ich habe dir eine reinere Liebe gegeben als meinen Heiligen und meinen Auserwählten. Die Treue deines Herzens zwingt mich dazu, dir die Geheimnisse meines Herzens zu offenbaren, denn nie hat ein Mensch mir mehr vertraut als du, obwohl du so wenig Trost erhalten hast, wie es geschrieben steht: (Weisheit 3,6)[70] *Ich werde dich erproben wie Gold im Schmelzofen*, und deine Trübsal hat dich gereinigt und ausgraviert wie ein Siegel. Aber die Zeit deiner Tröstung kommt. Du hast lange begehrt, dass ich dich erhöre in all deinem Begehren, aber sei versichert, dass ich dich in allem, was du je begehrt hast, immer erhört habe; auch jetzt werde ich dir alles gewähren, um was du mich bittest; ich werde all deinen Willen tun und alles, was ich für meine Mutter tun will, will ich für dich tun; denn das, was ich für meine Mutter tue, wird allen als gerecht erscheinen. Und ich werde desto mehr gelobt werden als ich mich zu einer so armen Person wie dir herabneige.

Dann hast du für deine Freunde begehrt, dass ich aus Barmherzigkeit alle Trübseligen erlöse, die an meine Liebe für deine Seele appellieren. Sei versichert, dass alle, die so zu mir beten, wenn es gut für sie ist, von allem befreit werden, was ihnen schadet. Es werden aber trotzdem nicht viele erhört, denn Gott weiß, was gut ist für sie und was nicht. Niemals lässt Gott einen Menschen leiden, wenn es nicht zu seinem Besten ist. Sie können daher sicher sein, dass, wenn sie sich seiner in der beschriebenen Weise erinnern, aber nicht befreit werden

---

[70] M. : « Ego te *probavi sicut aurum in fornace* » ; V. : « *Tanquam aurum in fornace probavit illos* » ; EÜ : "Wie Gold im Schmelzofen hat er sie erprobt."

von dem, um was sie bitten, es besser ist für sie, zu leiden, als von dem Leid befreit zu werden. Ich aber werde dich nicht nur für deine Freunde erhören, sondern für alle, die fest an mich glauben.

Drittens hast du begehrt, aus Liebe zu sterben. Sei dir nur ganz sicher, dass dein Leben in Liebe und großer Treue verzehrt wird. So wie dein Leben war, so wird auch dein Tod sein.

Vor Ostern oder einem anderen großen Fest, feiert man eine Vigil. So wird es für die Seele sein, die in Not und Arbeit gelebt hat: wenn der Tod herankommt, bevor die Seele den Körper für immer verlässt, beginnt sozusagen ihr Fest mit einer Vigil. So wird auch dein Fest beginnen. Dann wirst du alle Gnade erkennen, die ich dir gewährt habe, und alles, was du für mich oder für andere gelitten hast; und da du sehen wirst, dass all dein Begehren erfüllt ist, wird die Liebe dich entzünden und die Dankbarkeit wird wachsen, und diese zu große Liebe und diese Dankbarkeit werden dein Herz zerreißen und es wird brechen."

Einmal war sie dankbar dafür, dass Gott die Patriarchen und die Propheten in sein Reich geholt hatte. Da antwortete Gott:

„Du bist glücklicher als diese. Nur die Engel haben uns in Empfang genommen, als ich mit ihnen in den Himmel kam, aber wenn du an der Reihe bist, werde ich mit meiner Mutter und allen Heiligen und allen Engeln herbeieilen."

„Viertens hast du begehrt, dass ich in dir so sehr gelobt werde, wie in jedem anderen, der zu deiner Zeit lebt oder danach. Sei versichert, dass ich diesen Wunsch erhört habe. Du hast auch Buße getan durch das Leid der Dankbarkeit den Heiligen gegenüber; und je mehr du für sie leidest, desto mehr wirst du mich für sie loben. Nach meiner Mutter bist du diejenige, die mich mehr für sie lobt als irgendein Heiliger."

Ihre Dankbarkeit und ihr Leid für die Heiligen und die ganze Welt waren so groß, dass sie manchmal fast daran gezweifelt hätte, dass im Himmelreich ihr Begehren gestillt werden könne, aber sie wusste, dass Gott kein Maß kennt und ihren Hunger stillen und sie überreich beschenken werde. Denn Gott sagte:

„Ich habe dir eine solche Treue zu deinem Nächsten gegeben, wie sie sonst niemandem gegeben wurde, und dieses Leid und diese Treue sind hervorragend. Selbst wenn andere bessere Werke vollbracht haben als du, niemand außer mir hat je so viel Bußarbeit geleistet für die Welt wie du. Ich habe mich der Welt gegeben, und nie habe ich einen Menschen so völlig der Welt gegeben. Wisse, dass ich all denen, die durch dein Gebet Gnade gefunden haben, und all denen, die noch geboren werden in der Zukunft und die so Gnade finden werden, mehr gewähren werde als für das Gebet eines anderen Heiligen. Alle, die auf Erden sind und die ins Himmelreich kommen werden, werden erkennen, welche Gnade sie durch deine Gebete erhalten haben, und sie werden mich dafür besonders loben."

Kapitel 56.

Einmal war sie voller Dankbarkeit für eine Frau, von der man dachte, sie werde sterben, und sie gab ihr alles, was Gott ihr je gegeben hatte, und begehrte glühend, dass diese Person Gott lobe. Da sprach Gott:

„Du musst tragen, was du trägst; es ist nicht nützlich, denn die Liebe, die dir gegeben wurde, ist vollkommen. Du bist das Gefäß, in das diese Liebe gefüllt wurde; wer auch immer Liebe erhalten wird, soll sie durch dich erhalten."

Dies muss man verstehen aufgrund ihres Begehrens und ihrer Gebete. Sie war sich sicher, dass Gott von ihr so viel gelobt werden solle wie von irgend jemand anderem, und sie begehrte so viel für die anderen wie für sich selbst, ja, mehr als für sich selbst. Denn sie begehrte, dass Gott mehr in ihnen gelobt werde als in ihr, wenn so sein Lob vollkommener sei. Deren Heil war ihr Heil, und dass sie es erhalten hatten, betrachtete sie als ihr Heil. Darauf antwortete Gott: „Wenn auch alle dir überlegen wären in ihrem Lob, so bist du doch die Wurzel und das Haupt der Liebe, sodass die, die diese Liebe haben, sie aufgrund deines Begehrens haben." Das muss man verstehen in Anbetracht dessen, was oben geschrieben steht, nämlich dass er Margareta in allem erhören will, genau wie er alles für seine Mutter tun will.

Als sie so getröstet war, fragte sie sich lange, ob sie daran glauben könne. Da kam die Weisheit, das heißt die Erkenntnis, und sie dachte:

„Warum willst Du Gott seine Ehre nehmen? Das bringt dir nichts, denn, je größer die Gabe, die Gott dir geben will, umso kleiner und demütiger und verachtenswerter[71] bist du. Warum willst du nicht, dass Gott seine Gnade zu trinken einschenkt aus dem Gefäß, das er will? Sie sind alle deine Herren und dir überlegen und du bist ihre Magd; du bist das Gefäß, aus dem ihnen die Gnade eingeschenkt wird, denn sie ist ihnen durch dich gegeben, wie ein Herr eine Magd schickt, jemandem ein Geschenk zu überbringen."

---

[71] Die Adjektive sind alle männlich.

Die Liebe und die Treue, dass sie alle mehr achten wollte als sich selbst, führten dazu, dass (Tobit 13,23)[72] *Gott sie erhöhte* und sie das Haupt aller sein sollte, und Gott sprach:

„Ich, meine Mutter und du, wir werden in Ewigkeit in besonderer Weise vereint sein und du wirst all meine Werke kennen. Du wirst sie kennen und mich für jedes einzelne besonders loben, du wirst mich besonders lieben und klar meine Güte erkennen. Du wirst erkennen und verstehen, was ich jedem Gutes getan habe. In dir und durch dich will ich Zeichen und große Wunder tun."

Sie fürchtete sich sehr und antwortete:

„Herr, wenn du etwas tun willst, tu es nach meinem Tod; alle Zeichen, die du tun willst, du könntest sie geistlich in den Seelen vollbringen; du könntest diese Seelen, in denen du schon lange tot warst, zum Leben erwecken, und die, die dir dienen, erleuchten und stärken, und ihnen ganz wunderbar Liebe eingeben, damit sie in dir erkennen, was lange in dir verborgen war."

Da antwortete Gott: „Bevor dies geschieht, musst du viel Buße tun, und du wirst mit schwerem Leid geschlagen werden." Sie antwortete:

„Herr, ich werde gerne alles ertragen, was du willst, und sogar noch mehr, damit du gelobt werdest. Und wenn du in einem anderen Menschen größeres Lob finden kannst, so bitte ich dich, dass du es mir wegnimmst und ihm gibst; und erlaube mir, für ihn zu leiden, als ob alles in mir vollbracht werden sollte."

---

[72] M. : « *Deus eam exaltavit* » ; V. : « (*Benedictus*) *Dominus, qui exaltavit eam* »; EÜ folgt einer anderen Vorlage als die Vulgata, sie übersetzt in Vers 18 : „Gepriesen sei Gott; er hat uns groß gemacht für alle Zeiten".

Das war zu schwer für sie, zu hören, denn sie verachtete sich zu sehr; sie hätte es sehr gerne gesehen und wäre sehr froh darüber gewesen, wenn Gott diese Gnade jemand anderem gegeben hätte. Und sie sagte:

„Geliebter Herr, was hast du bloß in deinem Herzen empfunden, dass du mir eine so schwere Last auferlegst! Denn du weißt, dass ich nie auf Erden begehrte, so getröstet zu werden. Warum gießt du deine Gnade über eine so abscheuliche Kreatur? Denn du weißt doch, dass es für mich süßer und leichter wäre, wenn ich für deine Liebe in der Hölle sitzen müsste, als diese schwere Last zu tragen, die du mir auferlegt hast. Nie hättest du mich mehr verwirren können in meinem Herzen. Aber Herr, ich will dir trotzdem gehorchen, damit (Matth. 26,42)[73] *Dein Wille geschehe* in mir. Dir in dieser Sache zu vertrauen ist das Höchste, was ich je für dich tun kann. Wie kann es nur sein, dass so ein abscheuliches Herz so viel Ehre erhält? Wie kann die Armut, die ein Abgrund ist, soviel Reichtum erhalten? Wie kann so ein leidendes und verstörtes Herz so viel Trost erhalten? Herr, jetzt hast du mich so tödlich verwundet, dass ich in diesem Leben nie wieder gesund werden kann. Herr, was ist der Beweis, dass dies von dir kommt?"

Da antwortete Gott:

„Dies sei dir ein Zeichen, dass es für dich die schwerste Last ist: dies wird deinem Herzen starke innere Konflikte einbringen, sowie Dankbarkeit, und du wirst lange leiden und büßen müssen bis zu deinem Tod. Wenn der Trost dir ein Trost wäre, hätte ich ihn dir nicht gegeben; da er aber eine Prüfung ist für dich, habe ich dich so getröstet. Denn

---

[73] M. : « *tua voluntas fiat* in me » ; siehe Fußnote 66.

ich weiß, dass der Trost dein Herz erweitert[74]; ich habe dir daher umso mehr Trost gegeben, als dein Herz durch die Dankbarkeit erweitert ist und aufnehmen kann, was ich dir geben will, nämlich die Gnade, die ich dir gezeigt habe."

Da fragte sie: „Herr, was hast du in mir gesehen? Welche Tugenden hast du in mir gefunden, dass du mir so viel Gnade schenken musst?" Gott antwortete:

„Die Tugend, die mich dazu zwingt, ist dieselbe wie die, die mich gezwungen hat, auf Erden zu kommen, um Mensch zu werden, nämlich die Demut meiner Mutter. Deine abgründige Demut ist so tief, dass sie nicht gefüllt werden könnte ohne diese Gnade; diese Gnade, nämlich die vollkommene Ehre, die ich in dich legen will, wird dich füllen."

Kapitel 57.

„Ich liebe zwei Dinge in der Demut: sie gibt mir, was mir gehört und behält, was sie behalten muss. Mein sind Ehre und Lob, dein sind Schande und Verachtung. Ich will viel Ehre in eine Seele gießen, die sich so gedemütigt hat wie die deine."

Da antwortet sie: „Herr, wie kann mein Herz mit dieser zu großen Dankbarkeit heile bleiben?" Da antwortet er: (Luk. 1, 35)[75]

---

[74] Das Verb *dilatare* kann auch ‚foltern' bedeuten, und dies schwingt hier mit und trifft ihre Bewertung des Trostes als Folter. Ich übersetze trotzdem mit ‚erweitern', um das folgende Bild wiederzugeben: das erweiterte Herz kann mehr Gnade aufnehmen.

[75] M. : « *Spiritus sanctus superveniet in te et virtus Altissimi obumbrabit tibi* ; V. *idem*. EÜ: „Der Heilige Geist wird über dich kommen, und die Kraft des Höchsten wird dich überschatten."

„Der Heilige Geist wird über dich kommen, und die Kraft des Höchsten wird dich überschatten. Solange ich in deinem Herzen bin, ich, der ich Stärke bin, beschütze ich es, es wird nicht brechen. Wenn aber die Stunde deines Todes kommt, wird es brechen, denn ich selbst will die Türen deines Herzens aufreißen; und alle, denen ich meine Gnade gab, werden sie an diesem Tag erhalten, denn große Dinge werden an diesem Tag geschehen. Viele Seelen werden an diesem Tag aus dem Fegefeuer erlöst werden."

Und er fügte hinzu:

„Und ich werde mehr gelobt werden dafür, dass du mir in diesen Dingen vertraust, als dafür, dass ich sie in dir vollbringe; denn für mich ist es ein Kleines, sogar gar nichts, zu tun, was ich will."

Er tröstete sie also und sprach:

„Möge dies nicht zu schwer sein für dich. Denn vor deinem Tod will ich dir erscheinen und dich erleuchten und dich vollkommen machen, so dass es für dich genauso leicht sein wird, mir all das zu glauben, wie für mich, es dir zu geben."

Sie trug diese Sicherheit mit großer Angst in ihrem Herzen. Dann aber wagte sie nicht, sie alleine zu tragen; es schmerzte sie sehr, es jemandem zu sagen, aber sie erzählte alles dem erwähnten Bruder. Diesem schien dies alles so groß und unerhört, dass er zurückhaltend blieb. Es waren aber das Lob Gottes und ihre Demut, die Margareta dazu bewegt hatten, ihm davon zu erzählen.

Es gab aber noch einen Grund: sie wusste wohl, dass der Teufel sie sehr bedrängte, dass sie aber, nachdem sie es offenbart hatte, nicht mehr daran zweifeln konnte, weil sie dachte: ‚Du hast davon gesprochen. Wenn du jetzt nicht daran glaubst, musst du dich schämen.'

Der Bruder verstand nichts davon. Der Teufel wusste nichts davon, bevor sie es erzählt hatte. Aber sobald er es erfuhr, fing er an, sie sehr zu quälen. Sie aber wandte den Schild der Demut gegen ihn, gab Gott alles wieder, was er ihr gegeben hatte und kehrte zu ihrer alten Armut zurück. Da der Teufel sah, dass sie eisern bei ihrer Armut blieb und die Ehre verschmähte, setzte er vor ihre Augen alles, was ihr Zweifel einflößen könnte. Während sie wachte, sah sie die Luft voller Teufel, aber nicht mit ihren körperlichen Augen; sie fürchtete sich vor ihnen in ihrem Herzen. Da bedrängte der Teufel sie und zeigte ihr all ihre Sünden und alles Schlechte, das er von ihr wusste. Dann sagte er: „Worauf lässt du dich da ein? Du willst Gott große Ehre geben? Und was glaubst du, was er davon hält? Du täuschst dich nur selbst. Was findest du in dir, das dich glauben lässt, dass dies in dir geschehen könnte? Sieh deine Werke an. Du möchtest gern zu Gott kommen, aber weißt nicht, wie. Du hast keinerlei Trost in dir, denn du bist völlig trostlos. Zu den Erretteten zu gehören, muss dir großartig erscheinen. Hör auf damit, du machst dich nur lächerlich. Du siehst doch, dass das, was du erzählst, von niemandem verstanden oder geglaubt werden kann. Denn die Menschen sehen, dass es in deinem Leben nichts gibt, das (Joh. 5,33)[76] *von der Wahrheit zeugt.* Denn wer sich solcher Dinge rühmen wollte, müsste vollkommen sein und voll guter Werke."

Da antwortete sie dem Teufel:
„Wenn jemand vollkommen ist, ist es leicht für ihn, solche Dinge zu glauben. Es wäre kein Wunder, dass Gott solche

---

[76] M. : « *testimonium perhibeat veritati* » ; V. : « *testimonium perhibuit veritati* » ; EÜ: „(Ihr habt zu Johannes geschickt und) er hat von der Wahrheit Zeugnis abgelegt."

Dinge in ihm vollbringt. Ich weiß wohl, dass ich all dies nicht vorzuweisen habe, sondern nur die Güte Gottes allein, und durch sie scheint mir dies möglich."

Da antwortet der Teufel:

„Mit einer solchen Güte könntest du gut eines Tages in der Hölle landen. Du vertraust ihm; mach nur so weiter und pass auf, dass du dich nicht selbst betrügst."

Da antwortet sie:

„Ich muss trotzdem für ihn handeln und leiden. Und nie könnte ich etwas Schwereres für ihn tun als ihm zu glauben und ihm in dieser Sache voll zu vertrauen. Ich weiß, dass es das größte Lob für ihn ist, dass ich ihm vertraue. Denn so wird der Glaube gestärkt."

Sie hat im Geist wohl verstanden, dass es der Teufel war, der da mit ihr sprach, aber sie wollte nicht länger mit ihm reden. Also wandte sie sich an Gott und sprach:

„Herr, du siehst wohl, dass ich leiden und arbeiten muss. Du weißt, dass ich dir vertraue in diesen großen Dingen und dass ich für all die Gnade, die du mir gewährt hast, in keiner Weise leiden wollte, wäre es nicht aus Liebe zu dir."

Dieser Konflikt dauerte von Mittwoch bis Samstag. Dann wurde ihre Angst so groß, dass sie die selige Jungfrau zu Hilfe rief und von ihr einen besonderen Trost erhielt. Die Jungfrau tröstete sie und überzeugte sie, tapfer zu widerstehen. Dieser Trost war ihr in dem Moment sehr notwendig, denn alles, was ihren Glauben stärken sollte, war ihr genommen, während sie alles klar vor Augen sah, was sie niederschlagen und bedrücken sollte. Sie fühlte sich wie jemand[77], der ohne Trost ist und der verzweifelt. Da erhielt sie eine Erkenntnis und Erleuchtung in ihrem Herzen. Denn Gott sprach zu ihr:

---

[77] *homo.*

„Wenn du mir nicht vertraust in dem, was ich dir in Aussicht gestellt habe, werde ich dich derart schlagen, dass du allen, die jetzt leben, etwas vorzeigen kannst und du wirst für immer meine Grausamkeit zu spüren bekommen."

Da bekam sie große Angst. Und sofort, von Gott inspiriert, nahm sie den starken Glauben an und sagte:

„Ich will nie mehr an dir zweifeln, Herr. Meine Schwäche und der Teufel wollten mich zu Fall kommen lassen. Auch wenn ich völlig unwürdig bin, will ich dir trotzdem vertrauen; lieber würde ich mir den Kopf abhauen, als länger zu zweifeln; denn was du mir bis jetzt noch nicht gewährt hast, das kannst du mir ja mit Sicherheit später noch gewähren."

Da kam die Erleuchtung ein zweites Mal in ihr Herz und sie begann, zu verstehen, dass Gott ihr diesen inneren Streit zu seiner großen Ehre erlaubt hatte; denn im Himmelreich erhielt er ein besonderes Lob dafür, dass sie mit so großer Anstrengung gesiegt hatte. Da zeigte ihr Gott, wie sie sich in Zukunft wappnen sollte, wenn der Teufel sie bedrängte. Denn er sprach:

„Du tust gut daran, in mir deine Zuflucht zu suchen. Du darfst nicht nackt bleiben. Die Gnade, die ich dir gebe, musst du wie ein Kleid tragen. Denn wenn der Teufel dich nackt sieht, will er dich brechen und er kommt leichter an dich heran. Ich weiß, dass du deine Kleider aus Demut ausgezogen hast, denn aus Demut kannst du nicht die Gnade annehmen, die ich dir gebe. Wenn also die Dankbarkeit steigt und du uns nicht beide gleichzeitig tragen kannst, ist es lobenswerter für mich, dass du dich selbst verlierst als mich; du musst immer in mir bleiben. Du bist eine bewundernswerte Seele, denn du kannst nie in Ruhe bleiben; trotzdem ist es besser für dich, durch die

Gnade, die ich dir gewähre, in mir umzukommen, als durch den Zweifel, den der Teufel dir eingibt. Du kannst lange in dir suchen, nie wirst du etwas finden, was dich glauben ließe, dass das, was ich dir versprochen habe, möglich ist. Denn je größer die Gnade ist, die ich dir gewähre, desto weniger hast du davon, weil die Demut sie dir wegnimmt. Denn was ich dir gebe, gibst du sofort zurück. Und da du keinen Trost behalten willst, musst du in mir den Trost suchen, der dich halten kann."

Sie wollte wirklich, dass Gott sie verachtet und dass alle Heiligen sie verachten, wie sie sich selbst verachtete. Denn sie wusste wohl, dass sie unwürdig war, anders von ihnen betrachtet zu werden. Da schimpfte sie Gott und sprach:

„Du sollst mich ehren und tust es nicht, denn du beeinträchtigst meine Ehre. Denn du willst, dass ich deine Schwäche respektiere. Jeder Adlige würde etwas Niederes und Ehrloses verachten, und du willst, dass ich es respektiere. Denn ich vergesse die Sünden, wenn ich sie vergebe, und kann mich gar nicht mehr an sie erinnern; meine Fürsorge und meine Sorge um das Heil der Seele führen dazu, dass meine Liebe für sie keinen Platz lässt, an ihre Sünden zu denken. Ich bin wie ein Herr, der (Sirach 21,17) [78] *ein zerbrochenes Gefäß* so kittet, dass es noch kostbarer und heiler ist als vorher. Ich sehe in dir nichts anderes, als dich zu ehren und dich vollkommen zu machen; und die anderen Heiligen sehen nichts anderes in dir als die Gnade, die dir gewährt wurde. Deine Unwürdigkeit ist tief in dir versteckt und getilgt, denn sie

---

[78] M. : « *confractum vas* » ; V. : (*Cor fatui quasi*) *vas confractum* ». Entspricht in der EÜ Sirach 21,14: „(Das Innere eines Toren ist wie) ein zerbrochenes Gefäß."

ehren den, den ich ehre, und (*cf.* Joh. 14,21)[79] lieben den, den ich liebe."

Kapitel 58.

Da begehrte Margareta:

„Herr, lass alle meine Schwäche kennen, damit du ein reines Lob erhältst und ich erhalte, was mir gebührt. Dann wird es niemanden geben, der dich nicht in reiner Weise lobt. Denn ich möchte immer Sünderin genannt werden wie Maria Magdalena."

Da antwortete Gott:

„Das kann nicht sein. Alles, was in dir ist, muss Gott sein. Du wirst innerlich vernichtet und ich werde vollkommen in dir offenbart sein. Alles, was in dir ist, wird mein Lob sein, und du bleibst der arme Krüppel, der (Ps. 21,7)[80] *Abscheu des Volkes* und der Spott perverser Menschen."[81]

Da begehrte sie:

„Herr, wenn niemand mich verachten soll, erlaube mir, die Narben meiner Sünden zu behalten, damit ich mich wenigstens selbst verachten kann."

Darauf antwortete Gott:

„Da du weißt, wer du bist, wirst du mich lieben und loben; und die Schwäche deiner Kenntnis wird so sehr getilgt werden, dass du erkennen wirst, dass du nichts bist außer mir in dir; ich werde deine Narben herrlich schmücken."

---

[79] M. « quem ego diligo, ipsi amant » (nicht in Schrägschrift) ; V. : « *Qui autem diligit me, diligetur a Patre meo* » ; EÜ: „Wer meine Gebote hat und sie hält, der ist es, der mich liebt; wer mich aber liebt, wird von meinem Vater geliebt werden."

[80] M. : « *abiectio plebis* » ; V. *idem* ; EÜ (entspricht in der EÜ Ps. 22,7): „der Leute Spott, vom Volke verachtet."

[81] Anführungsstriche fehlen.

So groß der Trost auch war, den Gott ihr geschenkt hatte, sie behielt ihn für das nächste Leben und wollte nichts davon hier haben; und der Trost vermehrte noch ihr Leid und ihre Krankheit war ganz schlimm. Vorher war sie noch imstande gewesen, etwas zu tun, jetzt aber, sobald sie nachdachte, war sie von dem Versprechen des Trostes völlig verflüssigt und von Leid gequält, dass sie nicht darüber nachdenken konnte; sie musste oft diese Gedanken von ihrem Herzen wegschieben, um die Kraft zu behalten, für andere zu begehren.

Einmal war sie so überschwänglich und daher so leidend, dass sie dachte, ihr eigener Körper sei die Hölle; und sie dachte: ‚Herr, wann wirst du mich von diesem Leid erlösen?' Das Leiden störte sie nicht, sie war vielmehr bekümmert, dass sie nicht satt werden konnte an Leid. Sie begehrte auch deshalb, davon befreit zu werden, weil sie die Liebe nicht völlig erfassen konnte und sie das, was ihr so reichlich gegeben war, nicht nutzen konnte. Denn jedes Mal, wenn sie anfing, an die Güte Gottes zu denken, ertrank sie in dieser Güte und ihre Dankbarkeit wurde so unsagbar groß, dass sie diese Gedanken absolut nicht ertragen konnte, sondern sie auf später verlegen musste.

Entweder sie musste so eng an Gott gebunden sein, dass Gott sich kaum von ihr unterschied; oder, wenn er ihr große Erkenntnis erlaubte, wurde diese so groß, dass Gott sich vor ihr verstecken oder sie von ihm fliehen musste. Wenn Gott ihr große Erkenntnis über ihn erlaubte, setzte er ihr keine Grenze. Sie aber musste ihrem Begehren in großer Furcht eine Grenze setzen, wenn sie wie eine Magd sein wollte, die über das Gut ihres Herrn herrscht und überlegt, wie sie alles treu verwalte.

Wegen des Unterscheidungsvermögens, das sie immer beachten musste, hat sie nie Gebrauch machen können von der süßen Liebe; sie überlegte immer, wie sie Körper und Herz bei Kräften halten konnte, um für andere zu begehren, damit sie immer das hätten, für was Margareta ihnen gegeben wurde, und sie ihretwegen um nichts betrogen würden. Trotzdem konnte sie sich nie von Gott weise trennen, ohne dass alle Kräfte ihres Körpers in diesem Rückzug verzehrt wurden. Und wenn sie allein war, war sie so ernst und gerade, als ob sie für die ganze Welt gekreuzigt würde.

Sie war wie ein Sklave[82], dem alles Gut seines Herrn anvertraut wurde und der sich Sorgen macht, was seinem Herrn fehlen könnte, als ob es seine eigene Schuld sei. Wenn sie daher vor ihm erschien, war sie verstört und litt an den Mängeln seines Gutes, die sie festgestellt hatte. Nichts von dem, was er ihr geben wollte, konnte sie trösten, sie wollte nur, dass er die Mängel der Welt, die sie festgestellt hatte, korrigieren möge.

Sie wollte immer wissen, wie es um die Ehre stand. Denn sie wollte, dass alle ein Leben zum Lob Gottes führten, aber sie fand nur wenige davon. Sie hätte sich immer gewünscht, dass alle so mit Gott vereint seien, dass nichts sie von ihm trennen könne. Sie merkte aber, dass eine kleine Versuchung sie schon daran hindern konnte, denn sie lobten Gott, wenn es ihnen gut ging, aber war das nicht der Fall, waren sie verstört und durcheinander, als ob sie gleich fallen sollten. Das verletzte ihr Herz zutiefst, denn sie hätte es sich gewünscht, dass alle so viel Trost erhielten und Gott in Trübsal lobten wie im Reichtum.

Daher fürchtete sie sich und weinte immer vor Gott wegen dieser Verfehlung. Sie begehrte immer, dass Gott, was immer er ihr an Gnade geben würde oder gegeben hatte,

---

[82] männlich.

immer noch ein bisschen mehr dazu gebe für diese Verfehlung.

Sie fing an, auf die Worte Christi zu achten, der im Evangelium sagt: (Joh. 17, 21s)[83] *dass sie eins seien in uns wie du und ich eins sind.* Sie suchte nicht diese Einheit, die wir in der Zukunft haben werden, denn jeder, der in den Himmel kommt, wird mit Gott vereint sein, sondern sie suchte diese Einheit in der Gegenwart. Aber leider gibt es nur wenige, die so mit Gott vereint sind, denn oft wollen wir nicht, was er will, sondern lieber das, was uns gefällt. Der Sohn war so mit dem Vater vereint, dass, was der Vater wollte, der Sohn es ebenfalls wollte. So soll unsere Haltung sein, nämlich dass, was immer Gott will, wir dasselbe wollen und nichts anderes. Die Menschen begehren immer, dass Gott in ihnen seinen Willen tue; aber es gibt nur wenige, die ihm völlig vertrauen, dass er dieses Begehren erfülle. Denn wenn jemand Gott um etwas bittet, müssen wir ihm voll vertrauen, dass er unseren Wunsch erfüllt. Wie könnte Gott jemanden wegschicken, ohne ihm seinen Willen zu tun? Wenn ein schlechter Mensch von jemandem, von dem er weiß, dass er seinen Willen tun wird, um etwas gebeten wird, wird er ihn leicht erhören. Um wieviel mehr wird das der Fall sein für den, der die vollkommene Güte ist, dessen Wille unser Heil ist und der immer das Beste für uns will? Denn für ihn sind Wollen und Tun dasselbe. Wie können wir seinen Willen kennen, wenn wir immer den unseren haben wollen? Hätten wir uns ganz ihm ergeben, wäre unser

---

[83] M. : « *Ut* ipsi *unum sint in nobis sicut ego et tu unum sumus* » ; V. : « *(ut omnes unum sint, sicut tu Pater in me, et ego in te,) ut et ipsi in nobis unum sint…ut sint unum, sicut et nos unum sumus* » ; EÜ: „Alle sollen eins sein: wie du, Vater, in mir bist und ich in dir bin".

Wille tot. Und was immer er dann mit uns tut, dies wäre ganz sein Wille, dass er in uns lebe. Und genau das wäre unser Wille, wenn wir seinen Willen begehrt hätten.

Wenn aber den Menschen etwas zustößt, das sie schwer ertragen können, dann denken sie: ‚Herr, ich würde dies gerne ertragen, wenn ich wüsste, dass dies dein Wille ist.' Aber manchmal haben sie etwas anderes im Auge, das ihnen besser gefällt und das gut für sie wäre, wenn es einträfe. Dann sagen sie: „Herr, dies erscheint mir besser für dein Lob." Sie verwerfen, was sie nicht wollen, und suchen, was sie lieben und begehren. Aber nehmen wir an, dass beides gleich gut ist für das Lob Gottes. Sie könnten dann seinen Willen besser erkennen, wenn sie das wählten, was schwerer zu ertragen ist. Denn es ist offensichtlich, dass sie, wenn sie das Schwierigere wählen, ihren eigenen Willen aufgeben.

Das Schwierigere wählend, stellt Gott unsere Vollkommenheit auf die Probe. Das Leichte wählen bezeugt unseren eigenen Willen. Der Vollkommene stellt sich immer selbst auf die Probe, indem er das tut, was gegen seinen Willen ist, und immer sieht, was für ihn am nützlichsten ist. Wie ein guter Koch schlechte Zutaten in gute Kost verwandelt, so verwandeln diese Trübsal in großes Gotteslob. Aber die Törichten begehren, was sie nie erhalten können. Denn niemand kann immer seinen Willen haben. Und jedes Mal, wenn sie ihn nicht haben, sind sie arg verstört. Trotzdem hat Gott oft Mitleid mit ihnen wegen ihrer Schwäche und erhört sie. Er folgt ihnen, um sie an sich zu ziehen. Er macht sie sich zu eigen, indem er ihnen eine große Gnade gewährt. Andere aber nötigt er durch Trübsal und Leid, denn er möchte sie gerne im Himmelreich vor sich sehen.

Kapitel 59.

Einmal hat Gott ihr ein solches Kopfweh auferlegt, dass sie den Gedanken an seine Güte nicht mehr aushalten konnte. Als sie so lange gelitten hatte, fragte sie Gott: „Da ich dir vertraue, dass du immer tust, was am besten für mich ist, wie kann ich wissen, dass dieser Schmerz der beste für mich ist? Denn ich will mich immer für die Kirche züchtigen und der Welt gestorben sein, und ich kann nichts Gutes begehren."

Da antwortete Gott:

„Woher kommt dein Gebet? Wenn du mehr Trost erhältst, wenn du gut betest, als wenn du es nicht kannst, bist du untreu, denn du findest deinen Trost in deinen Werken, denn du glaubst, du wirst wegen deiner Anstrengung und deinen Werken erhört. Wenn du aber in deinem Gebet nur meiner Güte vertrautest, je unfähiger du wärst zu beten und je weniger Trost du darin fändest, um so mehr Trost fändest du in mir. Die Menschen machen große Anstrengungen nur aus Blindheit, die sie daran hindert, mir voll zu vertrauen. Wer mir wirklich vertraut und mich kurz um das bittet, für was ich ihn erhören soll, der betet richtig. Aber die Menschen, die mich nicht kennen, hängen sich an mich mit ihren Werken, die ihrer Meinung nach ihren Mut, mir zu vertrauen, rechtfertigen. Jetzt kannst du also nicht beten. Was verdient mehr Lob, dass der Diener dem Herrn dient oder der Herr dem Diener? Dass der Diener dem Herrn dient, ist ein normaler Dienst. Dass aber der Herr dem Diener dient, kommt von der Güte des Herrn. Wenn du etwas tun kannst, so bin ich es, der es in dir tut. Und wenn ich dich so sehr belade, dass du nichts tun kannst, dann ist dein Werk meins. Wenn du also glaubst und mir vertraust, als ob du viele Werke tun könntest, so ist das für mich ein größeres Lob, als wenn dein Werk vollkommen wäre – insofern man überhaupt etwas dein nennen kann."[84]

Denn so wie Gott größer ist in sich selbst als in einem anderen, so ist auch sein Werk vollendeter in ihm als in einem anderen. Die heilige Kirche verdient also mehr durch den Glauben dieses Menschen, als wenn dieser leiden oder ein Werk vollbringen könnte. Denn dieser große Glaube an Gott zwingt diesen, überzufließen, und so bekommt die Seele, was sie will. Denn sie hat begehrt, dass Gott das in ihr wirke, was ihm am meisten Lob einbringt. Was ihm aber am meisten Lob einbringt, ist, dass sie ihm voll vertraut. Was bringt ihm mehr Lob ein, als dass wir die Gnade annehmen, die er uns gewährt? Je mehr Gott der Seele den Trost vorenthält und sie arm macht, desto mehr wächst die Dankbarkeit; denn die Dankbarkeit wird praktisch von der Armut erkauft. Denn der, der dankbar sein will, muss arm sein, das heißt, er muss leiden und Schwierigkeiten ertragen. Und je größer diese sind, um so größer ist die Dankbarkeit. So groß und mannigfach die Gnade auch sein mag, die die Seele erhalten hat, so ist das wenig oder sogar nichts, wenn sie nicht dankbar ist. Diese Dankbarkeit ist das Himmelreich, von dem die Schrift spricht. Das Himmelreich ist in uns. Denn wir beten: (Matth. 6,10)[85] ‚Dein Reich komme'. Und nicht ‚dass wir in Dein Reich kommen'.

Das Reich ist zweifach: das Reich im Himmel und das auf Erden. Das Himmelreich ist voller Ehre, Liebe und Lob. Das Erdreich ist voller Leid, Armut und Abscheu. Wer hier reich ist an Not, wird dort reich sein. Und da das Erdreich in sich

---

[84] Die Anführungszeichen fehlen hier.

[85] M. : « *Adveniat regnum tuum* » ; V. *idem* ; EÜ: „Dein Reich komme".

das Himmelreich trägt, kann man voraussehen, wie viel man dort bekommen wird. Diese drei: Leid, Schande und Armut tragen in sich die Dankbarkeit. Und diese Dankbarkeit gibt ihnen das andere Himmelreich; nichts in der Seele bringt Gott so viel Lob ein wie die Dankbarkeit.

Dies betrifft die Vollkommenen, die Gott speziell zur Vollkommenheit auserwählt hat. Es gibt aber viele, die genug an Armut, Schande und Leid haben und die trotzdem nicht dieses Himmelreich erhalten werden. Erstens, weil sie sich all dies nicht wegen Gott ausgesucht haben, sondern es ungewollt ertragen. Die vollkommene Seele begehrt immer, dass Gott in ihr wunderbar sei. Was aber wunderbar wäre, wäre, dass jemand Galle äße, und diese schiene ihm wie Honig. So ist die vollkommene Seele. Leiden, die für andere Galle sind, scheinen ihr wie Honig; und so besitzt sie die beiden Himmelreiche, dieses und das zukünftige. Was immer die vollkommene Seele begehrt, sie erhält es voll und ganz; nichts geschieht ihr, das sie nicht will, denn was immer ihr geschieht, sie will es und nimmt es an. Was man in Honig taucht, bekommt den Geschmack von Honig. So wird alles, was der Seele zustößt, durch die Liebe versüßt.

Die vollkommene Seele ist so voll heiligem Stolz, dass sie alles, was ihr zustößt, wie verachtenswert es auch sei, trotzdem verschönert Gott zurückgeben will, von dem sie es erhalten hat. Denn sie denkt daran, wer es ihr schickt, und nicht, wie verachtenswert das ist, was er schickt. Wer kann sie behindern, da sie aus wenig etwas Großes macht? Der Teufel kann einer so vollkommenen Seele nichts anhaben. Denn er will sie immer in Versuchung und Leid zurückbringen. Aber die Seele stemmt sich dagegen und macht daraus Lob und Ehre für Gott. Und Gott hindert sie nicht daran, sondern bestärkt sie. Eine solche Seele ist ihm nützlich, denn sie bringt ihm so viel Lob ein. Daher wird sie im Himmelreich gelobt werden und wird mit Gott vereint sein. Eine solche Seele ist nicht nur deshalb nützlich für Gott, weil sie ihr eigenes Leid in Gottes Lob verwandeln kann, sondern sie ist auch nützlich für Gott durch das Leid anderer, die weniger vollkommen sind und die ihr Leid nicht zunutze machen können, weder für sich selbst noch für Gott. Denn diese vollkommene Seele tut, was die weniger Vollkommenen tun sollten, sie lobt Gott für das Leid derer, die dessen Nützlichkeit nicht so gut verstehen. Nicht umsonst liebt sie die Armut, denn (Matth. 5,3)[86] *selig sind, die da geistlich arm sind* usw. Wenn die Armut groß ist, muss die Großzügigkeit auch groß sein, denn es steht geschrieben, dass (Matth. 5,4)[87] sie *die Erde besitzen* werden, denn kein Krieg kann dem schaden, der seine Armut mit Großzügigkeit erträgt, denn seine Armut ist sein Reichtum.

So sanftmütig sie sind, viele Dinge fehlen ihnen und daher trauern sie. Warum (Matth. 5,5)[88] *trauern sie?* Weil sie Hunger haben. Wonach haben sie Hunger? Nach nichts anderem als nach Gottes Lob, welches die Gerechtigkeit ist. Und sie werden *getröstet* werden, denn, wenn sie nicht trauerten, bräuchten sie auch keinen Trost. Und je

---

[86] M. : « *beati pauperes spiritu* » ; V. *idem* ; EÜ: „selig, die arm sind vor Gott".

[87] M. : « *terram* dicitur *possidere* » ; V. : « *ipsi possidebunt terram* » ; entspricht in EÜ dem Vers 5: „denn sie werden das Land erben" und bezieht sich hier auf die, die keine Gewalt anwenden.

[88] M. : « *lugent… consolabuntur* » ; V. *idem* ; entspricht in EÜ dem Vers 4: „Selig die Trauernden (denn sie werden getröstet werden)."

größer der Jammer und die Not, desto größer wird der Trost sein.

Wer trauern will, darf nichts besitzen in diesem Leben, was ihm Freude bereiten könnte oder was ihm guttäte. Wer hungern will, darf nichts haben, um sich zu sättigen. Und (Matth. 5,6)[89] *die es hungert und dürstet nach der Gerechtigkeit*, nämlich dem Lob Gottes, *werden gesättigt werden.*

Es folgt: (Matth. 5,7)[90] *Selig sind die Barmherzigen.* Die aber sind barmherzig, die die Schwächen aller Menschen kennen und mit ihnen leiden, weil sie aus Erfahrung die meisten dieser Schwächen kennen und die aller Menschen gleichwie die ihren tragen.

Es folgt: (Matth. 5,8)[91] *Selig sind, die reinen Herzens sind.* Denn die sind reinen Herzens, die sich um nichts anderes kümmern als um das Lob Gottes. Und (Matth. 5,8)[92] *sie werden Gott schauen.* Denn ein reines Herz, das nichts Irdisches in sich hat, kann wirklich rein genannt werden und sieht nichts als Gott und seine große Güte. Und solche Seelen sind in Frieden.

Woraus folgt: (Matth. 5,9)[93] *Selig sind die Friedfertigen.* Gott ist immer in Frieden und er wohnt im Frieden. So sind auch diese. Und weil sie haben, was ihr Vater hat, (Matth.

---

[89] M. : « *qui esuriunt et sitiunt iustitiam … saturabuntur* » ; V. *idem* ; EÜ: „(Selig,) die hungern und dürsten nach der Gerechtigkeit; denn sie werden satt werden."

[90] M. : « *Beati misericordes* » ; V. *idem* ; EÜ: „Selig die Barmherzigen."

[91] M. : « *Beati mundo corde* » ; V. *idem* ; EÜ: „Selig, die ein reines Herz haben."

[92] M. : « *illi Deum videbunt* » ; V. *ipsi Deum videbunt* ; EÜ: „denn sie werden Gott schauen."

[93] M. : « *Beati pacifici* » ; V. *idem* ; EÜ: „Selig, die Frieden stiften."

5,9)[94] *werden sie Gottes Kinder heißen.* Nichts kann ihnen geschehen, das ihren Frieden stören könnte, denn sie wohnen in einem gut befestigten Schloss, nämlich in Gott, das niemand mit Gewalt einnehmen kann; dieses Schloss heißt auch Gottes Wille, der in ihnen immer erfüllt wird. Danach kommt: (Matth. 5,10)[95] *Selig sind die Verfolgten,* denn sie werden viel von Teufeln und Menschen angegriffen, die immer ihre Vollkommenheit mindern wollen. Dagegen müssen sie immer kämpfen. (Matth. 5,10)[96] *Das Himmelreich ist ihr,* denn diese Angriffe selbst sind ihr Himmelreich.

Der Vorteil der Armut ist, dass der, der nichts hat, auch nichts verlieren kann. Sie machen sich daher weniger Sorgen und sind immer frei, so dass ihnen nichts schaden kann und sie schneller bereit sind, sich anzustrengen. Wenn jemand genug in seinem eigenen Haus hat, wenn er gar im Überfluss lebt, braucht er anderen nicht zu dienen; wenn er aber nichts hat, zwingt ihn die Armut, anderen zu dienen, um seinen Lebensunterhalt zu verdienen. So ist die vollkommene Seele. Sie will immer arm sein und ohne Trost, und immer ärmer, um anderen zu dienen und ihnen treu zu sein.

Margareta war immer in dieser Armut und immer bereit, die Last der anderen zu tragen, sie war wie ein Sklave[97], der seinem Herrn dient und immer Angst hat, eine seiner Pflichten zu vernachlässigen. Sie traute sich nicht, etwas

---

[94] M. : « *filii Dei vocabuntur* » ; V. *idem* ; EÜ: „denn sie werden Söhne Gottes genannt werden."
[95] M. : « *Beati qui persecutionem patiuntur* » ; V. *idem* ; EÜ: „Selig, die (um der Gerechtigkeit willen) verfolgt werden."
[96] M. : « *Istorum est regnum celorum* » ; V. *idem* ; EÜ: „denn ihnen gehört das Himmelreich."
[97] männlich.

für sich selbst zu tun. Und wenn sie niedergeschlagen war und die Armut sie bedrückte, nämlich der Hunger nach dem Lob Gottes, und sie so leiden musste, dass es ihr unerträglich wurde, dann musste sie Gott nötigen. Denn die Seele ist von Natur aus so gestaltet, dass sie immer etwas Angenehmes haben oder begehren muss, was ihr guttut. Da sie aber nicht begehren konnte, was ihr selbst guttat, musste sie begehren, in anderen getröstet zu werden. Sobald also der Hunger sie überkam, musste Gott sich darauf vorbereiten, den anderen das zu geben, was sie für sie begehrt hatte. Und je mehr ihr Hunger für die wuchs, für die sie begehrt hatte, desto größer musste auch die Gabe Gottes sein. Ihre Furcht Gottes nötigte Gott.

Und diese Furcht kam daher, dass sie wusste, dass Gott über alle Maßen gütig[98] war; und wegen ihres zu großen Hungers konnte sie nicht anders als ihn nötigen. Sie sagte also:

„Geliebter Gott, sei geduldig und ärgere dich nicht, dass ich dich so sehr nötige. Ich tue es nicht aus Mangel an Vertrauen, denn deine Güte ist unermesslich, auch ohne genötigt zu werden, aber ich arbeite, wie man am Vortag von Festen arbeitet. Ich kann nicht ruhig bleiben, ich muss arbeiten. Und meine Arbeit besteht in der Treue zu anderen, dass ich mich für sie quäle, denn diese Treue erweitert meine Seele. Wenn ich auch weiß, dass du unermesslich gut bist, ohne dass ich dich darum bitte, kann ich doch kein Maß einhalten in dieser Treue, wenn ich nicht von ganzem Herzen mein Begehren für sie vor dich trage. Trotzdem will ich nicht, Herr, dass du etwas tust, weil du etwa dazu genötigt wärst durch das Leid

---

[98] *pius.*

meines Begehrens, sondern einzig wegen deiner Güte. Und das, was du für mich an Leid wünschst, sei mein einziger Trost in diesem Leben; und (Hoheslied 6,4)[99] *wende die Augen* deiner Barmherzigkeit *von mir ab.* Ich rede von den Augen, die mein Leid lindern könnten, aber ich bitte dich, wende die anderen Augen deiner Barmherzigkeit mir zu, nämlich dass du mein Begehren erhören mögest. Denk daran, dass (1. Mose 22, 12)[100] *du deinen* geliebten *Sohn nicht verschont* hast, sondern ihm erlaubtest, ganz in Not und Leid zu bleiben, um der Welt deine Liebe und deine Treue zu zeigen. Und da diese Treue, die du der Welt in deinem Sohn erwiesen hast, dein Lob ist, so wird es zu deinem Lob sein, dass du mich nicht verschonst."

Danach fragte sie: „Herr, woher kommt deine Großzügigkeit, um die du gebeten werden willst?" Er antwortete:

„Es ist nicht so, dass ich nicht großzügig wäre, wenn man mich nicht darum gebeten hätte, sondern weil ich den Menschen durch sein Gebet erhöhe. Bevor ich gebeten werde, habe ich den, der betet, schon erhört. Aber diese Treue der Seele in ihrem Begehren wird für mich ein ewiges Lob sein. Und wenn die Seele in ihrem Begehren gepeinigt wird, wächst ihre Liebe. Und wenn ihr gegeben wird, was sie lange ersehnt hat, ist sie umso froher und entflammt zu großem Lob."[101]

---

[99] M. : « *oculos* tue misericordie *averte a me* » ; V. : « *Averte oculos tuos a me* » ; EÜ (Vers 5): „Wende deine Augen von mir."
[100] M. : « *filio tuo non pepercisti* » ; V. : « *non pepercisti unigenito filio tuo* » ; EÜ: „du hast mir deinen einzigen Sohn nicht vorenthalten."
[101] Anführungszeichen fehlen.

Kapitel 60.

Einmal lag sie nieder wie tot aufgrund ihres großen Begehrens für die heilige Kirche Gottes; sie konnte nicht länger leiden oder überlegen. Als sie so reglos lag, hat der Herr sie gestärkt: „Weißt du nicht, was dein Herz ist?" Sie antwortete: „Ich weiß nicht, Herr, was du meinst." Da sprach er:

„Dein Herz ist wie ein Gefäß, in das sich die Heilige Dreifaltigkeit ergießt. Deine Treue zwingt mich, immer in dein Herz zu fließen; und aus deinem Herzen ist und wird die ganze Welt neu geschaffen. Alle die, die gerettet werden, werden durch dein Begehren getröstet. Ich werde ihnen das Heil schenken, aber du musst mich dazu bringen, es denen zu geben, für die du es wünschst; so werden sie es quasi von dir erhalten. Und dass ich dir Gewalt gebe über meine Güte, dient ganz besonders meinem Lob."

Da antwortete sie:

„Ah Herr, was hast du dich so weit herabgeneigt, dass du mich – unwürdigen Wurm und noch weniger als ein Wurm – dazu erwählt hast, deine Gaben zu verteilen. Herr, ich will sie nur dann verteilen, wenn ich denke, dass es deinem Lob dient. Sieh du, wo sie deinem Lob am besten dienen, denn ich kann es nicht wissen."

Gott gestattete ihr nie, Engel zu sehen, denn sie hatte es nie gewollt oder begehrt. Einmal spürte sie in ihrem Herzen, als ob man zu ihr sagte: ‚Du könntest Engel sehen, wenn du wolltest.' Aber sie antwortete:

„Nein, Herr, ich will sie nicht sehen. Meine Augen sind nicht würdig, so edle Botschafter zu sehen; mein Glaube reicht mir; sie zu sehen, brächte mir keinen weiteren Vorteil, denn ich weiß wohl, dass sie mir in diesem Leben treu sind. Herr, ich kümmere mich nicht darum, so viel Trost und Ehre zu erhalten."

Alle Engel und alle Heiligen waren ihr so vertraut, als hätte sie ihr ganzes Leben in ihrer Gesellschaft verbracht; sie waren wie Brüder und Schwestern. Gute Menschen, die sie kannte und die manchmal zu ihr kamen, waren ihre Freunde und Gott hatte ihr diese Gnade gegeben, sie als sehr würdig, fast heilig, anzusehen, wie Engel, die Gott ihr geschickt hätte. Denn sie hatte so gut ihr Herz gefestigt, dass sie keine Anstrengungen unternehmen wollte, um geistliche Freunde zu haben, wie viele es tun. Sie nahm als Freunde nur die an, die Gott ihr in seiner Güte schickte.

Sie war so voll Gottesfurcht, dass sie nichts aus eigenem Willen erhalten wollte. Sie begehrte immer, dass Gott sie nur mit Menschen reden ließ, wenn es seinem Lob diente. Und sie war sich sicher, dass die, die er ihr schickte, von seinem Willen geschickt wurden. Immer, wenn sie etwas von Gott begehrte, war sie sich sicher, es zu erhalten. Und wenn Gott ihr jemanden schickte, gab sie sich quasi ganz ihm; sie neigte sich herab, um mit ihm zu reden, und unterwarf sich ihm treu von ganzem Herzen. Sie wollte nicht nur mit ihm reden, um Gottes Lob zu dienen, sondern auch, damit Gott ihm gewähre, so getröstet zu werden.

Die Mühe derer, die zu ihr kamen, schätzte sie so sehr, dass sie begehrte, dass Gott ihnen dafür seine Gnade gewähre aufgrund seiner Güte und sie tröste. Sie schätzte diese Treue so sehr, nämlich dass sie zu ihr kommen wollten, dass Gott zu ihr sprach:

„Warum schätzt du das so sehr? Warum willst du, dass sie getröstet werden, da sie selbst es nicht so hoch schätzen? Denn, wenn sie ihre Hoffnung dareinsetzten und begehrten und hofften, getröstet zu werden, wie du es für sie begehrst, würde ich erhören, was sie begehren. Und wenn das, was dir in ihnen fehlt, und was du für sie begehrst, ihnen im Himmelreich nicht gewährt wird, so ist es weder deine noch meine Schuld. Du bist für mich wie der Lieblingssohn[102] eines Vaters; wenn jemand dem Sohn etwas Gutes tut, so kannst du sicher sein, dass der Vater ihm dafür dankbar sein wird. Wisse, dass ich jegliche Wohltat, die jemand dir gewährt, hochschätze, und ich will dem Geber in diesem Leben große besondere Gnade gewähren und im nächsten ewige Ehre."

Da antwortete sie:

„Herr, da es nicht von uns abhängt, aber von ihnen, gib ihnen den Glauben und die notwendige Hoffnung, damit sie sich darauf vorbereiten, eine größere Gnade zu erhalten."

Gott hat sie erhört, denn er hat es vielen verliehen, sehr auf sie zu hoffen, so dass sie großes Vertrauen in ihre Gebete hatten; wenn ein guter Mensch, religiös und vernünftig, sie um etwas bat, so erfüllte ihn das mit einer solchen Hoffnung wie sonst kein Gebet an einen Heiligen, außer an die selige Jungfrau.

Als sie sah, dass sie so auf sie hofften, fühlte sie sich dadurch so gezüchtigt durch die empfangene Gnade, dass sie sagte: „Herr, du tust mehr, als ich begehrt habe; erfülle nur, was sie erhoffen, denn ich bin nichts. Sie hoffen auf dich allein." Da antwortete Gott:

„Welche Hoffnung sie immer auf dich setzen, ich will sie erhören über das hinaus, was sie zu hoffen wagen. Ich selbst werde ihnen diese Hoffnung geben und will sie treu erfüllen."

---

[102] männlich.

Es war nicht verwunderlich – da sie ihre Hoffnung auf Gottes Lob gesetzt hatte und auf die Liebe, derer sie sich später würde erfreuen können – dass sie eines Tages begehrte, von ihrem Leid erlöst zu werden und sterben zu dürfen. Aber ihre große Treue zu ihrem Nächsten hielt sie davon ab, schneller in den Himmel kommen zu wollen. Jedes Mal, wenn sie anfing, mehr an das Lob Gottes zu denken, wuchsen ihr Begehren und ihre Not so sehr, dass ihr Herz es nicht aushalten konnte. Und wenn sie lange in diesem Zustand des Begehrens geblieben wäre, hätte sich ihr Körper völlig verzehrt. Und daher, um länger nützlich zu sein, entzog sie sich dieser großen Begierde und versetzte ihr Herz in einen Zustand, als ob sie für immer in der Not bleiben müsste.

Sobald sie an den Tag und die Stunde ihres Todes dachte, wurde sie so ängstlich und ihre Hoffnung wuchs so sehr, dass sie quasi in einen anderen Menschen[103] verwandelt wurde. Durch all die Gnade, die Gott in sie gegossen hatte, und die Hoffnung für das Heil der anderen, sobald sie daran dachte, wurde ihre Dankbarkeit so groß, dass sie sich solcher Gedanken enthalten musste. Wie etwas, das man in einem Kasten versteckt und das man nicht sehen soll, musste sie die Gnade, die ihr gewährt wurde, und das Versprechen, das Gott ihr gemacht hatte, verstecken. Sie hätte gern Gott dafür gelobt, wenn sie die notwendige körperliche Kraft dafür gehabt hätte, und sie litt sehr darunter, dass sie nicht öffentlich diese Gabe anerkennen konnte.

Die Gnade ihrer Kenntnis war so mannigfach, wenn sie mit Gott war, dass, hätte sie sie einzeln darlegen und Gott

---

[103] *homo.* Der Begriff ist verdoppelt: sie wurde wie ein anderer Mensch und verwandelt in einen anderen Menschen.

dafür loben wollen, ihr die Zeit gefehlt hätte und es ihr unmöglich gewesen wäre. Selbst wenn sie so lange gelebt hätte, wie die Welt dauert, wäre das nichts gewesen, denn für eine solche Darlegung hätte der Zeit die Zeit gefehlt. Und da sie viel zu tun und wenig Zeit hatte, und ihr kleiner Körper arm und schwach war, musste sie, wenn sie mit Gott war, die Kenntnis, die sie mit und von Gott hatte, einschränken, denn sie wollte ihn nicht nur für sich selbst loben und für die Gnade, die sie erhalten hatte, sondern auch für die andern. Denn die kleinste Gnade, die Gott ihr gewährte, erfüllte sie mit höchster Dankbarkeit, denn sie liebte Gott nicht für seine Gabe, sondern einfach für ihn selbst, denn Gott ist so groß im Kleinen wie im Großen. Und wenn Gott genauso hätte gelobt werden können, ohne dass ihr eine Gnade gewährt wurde, wie mit solcher Gnade, wäre es ihr egal gewesen und sie hätte ihn genauso gelobt; ebenso hätte sie die ewige Verdammnis für die Liebe Gottes genauso geliebt wie die ewige Ehre.

So war sie geschaffen, denn sie wusste nicht, wie ein Leben ohne Leid sein könnte; sie trug das ihre wie alle Menschen. Aber da sie sich durch die ihr eingegossene Gnade quasi der Natur der anderen Seelen entledigt hatte, konnte sie sich weder um ihr Leid kümmern noch es als solches verspüren, denn aus Gewohnheit erschien ihr das Leid nicht als Leid. Es war, als ginge das, was mit ihr geschah, sie gar nichts an. Sie merkte aber trotzdem, dass andere große Gnaden erhielten, dass es ihnen gut ging mit Gott und sie großen Trost erhielten in diesem Leben. Sie war Gott dafür dankbar und dachte oft, wie gut das für sie sei: ‚Was musst du abscheulich sein, dass du nichts von solchen Gnaden weißt?' Da antwortete die Weisheit: „Nimm die Gaben, die anderen gewährt werden, mit Dankbarkeit an, dann ist es, als seien sie dir gewährt."

Daher ergriff sie ein heiliger Stolz. Denn sie dachte: ‚Herr, ich will dieses Leid annehmen und dafür danken wie jemand[104], der einen großen Trost erhalten hat.' Und so willigte sie ein, aus Dankbarkeit nicht nur die Gnade zu empfangen, die ihr gewährt wurde, sondern auch die, die anderen gewährt wurde.

Als sie in großem Leid lag, begehrte sie, zu Gott zu kommen. Da fragte sie ihre Seele:

„Warum bist du so ungeduldig, dass du nicht warten kannst? Warum willst du so schnell ins Himmelreich kommen? Bist du der Anstrengung des Leidens müde, oder möchtest du davon erlöst sein, um gut mit Gott und in großer Freude zu sein?"

Da antwortete sie Gott und nicht zu sich selbst:

„Du weißt, Herr, dass kein Trost mich zwingen könnte, zu begehren, von meinem Leid erlöst zu werden, sondern nur drei Dinge: dass ich dich nicht mehr lieben und nicht mehr loben könnte, und dass ich ohne Sünde leben könnte."

Dies ist oben beschrieben.

„Herr, die Sünde bringt dir kein Lob." Gott antwortete:

„Selbst, wenn die Sünde mich nicht lobt, bin ich trotzdem lobenswert sogar in der Sünde, da ich diese vergebe. Als ich auf dem Kreuz die Sünden der Menschen getilgt habe, hätte ich, wenn es nützlich gewesen wäre, die kleinen wie die großen Sünden tilgen können. Was hatte ich mit den gefallenen Engeln getan? Sie haben mich als zu gut angesehen. Trunken von meiner Güte haben sie gedacht, sie könnten mit mir machen, was sie wollten, und wollten mir gleich sein. Aber da ich gerecht bin, durfte ich ihr unrechtes Begehren nicht zulassen. Trotzdem hätte meine Güte es zulassen können. Aber da niemand Gott sein kann

---

[104] *homo.*

außer mir, hat sich meine Wahrheit dem entgegengestellt und hat es nicht zugelassen."

Da fragte sie: „Warum hast du sie so geschaffen, dass sie fallen konnten?" Er antwortete:

„Alles, was ich erschaffe, muss ich nach meinem Bildnis schaffen. Ich bin frei, also musste ich sie mit einem freien Willen erschaffen. Aber diese Freiheit wurde für sie die Ursache ihres Fallens, denn sie wollten zu hoch hinaus; sie wollten mir gleich sein und sich des Standes entkleiden, der ihnen gegeben war."

Da fragte sie: „Herr, was hielt die anderen davon ab, ebenfalls zu fallen?" Er antwortete:

„Als sie sahen, wie die anderen fielen, bekamen sie Angst und diese ließ sie verstehen, dass ich ihr Gott und Schöpfer bin und dass, wenn sie sündigten, ich sie ebenfalls verdammen könnte."

Da fragte sie: „Wozu hast du sie geschaffen, da du ja wusstest, dass sie fallen würden?" Da antwortete er:

„Meine Güte ist so mannigfaltig, dass sie sich nicht einhalten kann, wenn sie nicht etwas hat, in was sie sich ergießen kann. So habe ich mich über das Maß in sie ergossen, sodass sie sich in diesem Überfluss vergessen haben. Und was sie zum Guten hätten verwenden müssen, haben sie zum Schlechten gekehrt. Darum habe ich den Menschen danach aus schlechtem Material erschaffen, damit er demütig bleibe. Ich habe ihn mit freiem Willen geschaffen und habe seinem Gehorsam das Gebot gegeben, (1. Mose 3,1)[105] *nicht von* dem

---

[105] M. : « *ne comederet de ligno* » ; V. : « *ut non comederetis de omni ligno paradisi* » ; EÜ: „ihr dürft von keinem Baum im Garten essen". (Der angegebene Vers 3,1 entspricht der rhetorischen Frage der Schlange. Das Gebot Gottes „vom Baum der Erkenntnis von Gut und Böse darfst Du nicht essen" entspricht Vers 2,17).

verboten *Baum zu essen*. Ich habe das getan, weil ich wusste, dass er nicht gehorchen würde, damit ich nicht anschließend wegen seiner Sünde angeklagt würde. Im Grunde genommen war diese Frucht wie jede andere, aber sie bezeichnete mich selbst, als sagte sie dem Menschen: wenn du von der verbotenen Frucht isst, greifst du mich an, denn du willst dir meine Natur aneignen und wie ich sein."

Da fragte sie: „Warum hast du den Menschen erlöst, aber nicht den Teufel?" Er antwortete:

„Der Teufel ist aus eigenem Hochmut gefallen, niemand hatte ihn verführt; der Mensch aber hat nicht von Natur aus diesen Hochmut des Teufels, wenn dieser ihn nicht verführt. Manchmal hat der Teufel mir geholfen, denn ich will im Menschen gelobt werden und meine verborgene Güte wurde in ihm offenbart, da ich Mensch geworden bin; wäre der Mensch nicht gefallen, so wäre dies vielleicht nicht geschehen. Die Gnade, die der Mensch erhält, ist umso größer, als der Teufel sein Widersacher ist, und er wird eine umso größere Ehre im Himmel erhalten, als er über den Teufel gesiegt hat, der so geschickt ist, während der Mensch mit großer Blindheit und vielen Schwächen geschlagen ist. Ich hätte daher sowohl die kleinen wie die großen Sünden tilgen können, aber ich vergebe sie, damit der Mensch seine Demut behält. Denn der Mensch, solange er einen sterblichen Körper hat, ist so weit von mir entfernt, dass er ohne Schwäche hochmütig würde. Es ist zum Guten des Menschen, dass ich ihm immer etwas belassen habe, das ihn in Demut bewahrt. Und um ihm meine besondere Liebe zu zeigen, ist es leicht für mich, ihm seine kleinen Sünden zu vergeben, und selbst die großen denen, die mich lieben. Wie ein Wassertropfen im Kamin zu nichts wird, werden die lässlichen Sünden im Feuer der Liebe verzehrt. Die große Gnade, die die Seele im Himmelreich haben wird, und ihre große Dankbarkeit kommen daher, dass sie von vielen Sünden erlöst wurde, und sie wird mich dafür besonders loben."

Kapitel 61.

Sie fragte Gott: „Wieso wissen die Menschen so wenig von dieser Liebe, und wieso sind sie nicht dankbar für deine Gaben?" Da antwortete er:

„Ich wurde unverdient um die Frucht, die ich durch meinen Verdienst hätte ernten sollen, betrogen. Ich gewähre ihnen so große Gaben und sie sind so blind, dass sie sich selbst nicht kennen und nicht wissen, wer sie sind."

Da fragte sie wieder: „Woher kommt die eitle Herrlichkeit der Menschen?" Er antwortete:

„Sie kennen sich selbst nicht und wollen nicht wissen, woher sie die Gnade haben, denn, wenn die Menschen viele Werke tun können mit Fasten, Wachen usw., so setzen sie großen Trost hinein, als hätten sie diese Werke selbst vollbracht; und das macht sie blind sich selbst gegenüber. Sie glauben, sie dienen mir mit ihren Werken, dabei bin ich es, der ihnen dient und ihnen die Kraft dafür gibt. Und der Teufel stellt ihnen immer eine Falle mit dem Hochmut. Anderen, die krank sind und leiden, stellt er eine Falle mit dem Zweifel; er will, dass sie glauben, ich hätte sie verlassen.

Religiöse Menschen leiden oft an Acedia[106] und wissen nicht, woher sie kommt. Manchmal kommt dies daher,

---

[106] Die Acedia ist ein Begriff, der aus dem Griechischen stammt und von den Wüstenvätern in die christliche Spiritualität

dass sie mehr tun wollen als sie können; manchmal aber schicke ich sie ihnen, um sie auf die Probe zu stellen. Wenn also die Acedia kommt, wollen sie nicht beten, anschauen, begehren oder andere geistlichen Übungen ausführen. Damit will ich die Vollkommenheit ihrer Seele prüfen, um zu sehen, ob sie mich auch dann loben; aber die Menschen entziehen sich gerne dieser Aufgabe, wenden sich vom Gebet ab und suchen nach einem anderen Trost, in dem sie sich wohl fühlen. Aber für die treue Seele, die mich in jeder Situation lobt und der Traurigkeit und Inbrunst gleich willkommen sind, ist es eine besondere Freude, von dieser Art Traurigkeit bedrückt zu sein. Denn eine Stunde dieser Traurigkeit ist für sie schwerer zu ertragen als tausend Jahre Inbrunst; denn, wenn sie beim Beten Inbrunst verspürt, ist die Belohnung sozusagen schon im Gebet enthalten. Kein Sünder ist so schlecht, dass er nicht gerne betet, wenn er Inbrunst verspürt, ja, er täte nichts lieber. Die vollkommene Seele aber freut sich über die Acedia, wenn sie kommt, denn sie bevorzugt immer das, was schwieriger zu ertragen ist. Und selbst wenn sie keine große Inbrunst beim Beten verspürt, dient ihr die Bedrückung als Ersatz für die Inbrunst."

Da fragte sie: „Herr, was ist das für eine Liebe, die die Menschen dir entgegenbringen? Ist das denn nicht diese große Inbrunst, die sie gewöhnlich haben?" Er antwortete: „Nein. In der Inbrunst prüfe ich nicht die Liebe, denn ich bin es, die sie schickt und niemand kann sie aus sich selbst heraus haben. Das aber ist Liebe, dass der Mensch im Leid fest und treu bleibe; so wenig er mich in solcher

---

eingeführt wurde. Sie bezeichnet eine besondere Form der Traurigkeit, die mit Trägheit und Abneigung gegen Beten und jegliche spirituelle Tätigkeit einhergeht.

Bedrückung lobt, ich sehe es als größer an als die Inbrunst der anderen, sei sie auch noch so groß. Im Himmelreich loben mich die Heiligen mit großer Inbrunst. Es kommt selten vor, dass mich dort jemand mit schwerem Herzen lobt. Aber so klein auch mein Lob im Leid auf der Erde ist, ich sehe es als größer an als dieses große Lob im Himmel, denn letzteres kostet nichts. Und wisse, dass ich oft noch Schmerz hinzufüge für die, die ich besonders zur Vollkommenheit bestimmt habe, denn ich will durch die Treue, die sie mir im Leid erweisen, wenn sie dann fest bei mir bleiben, ein besonderes Lob erhalten."

Kapitel 62.

Oft flößte Gott Margareta eine solche Acedia ein, dass sie nicht sitzen bleiben konnte und man sie festbinden musste; sie fühlte sich so schwer, als müsse sie auf die Erde fallen. Aber solange Gott sie auch verließ, lobte sie ihn trotzdem dafür. Oft fragte sie: „Wie kannst du es zulassen, dass ich in diesem Zustand bleibe?" Da antwortete er: „Du willst es so und dies ist dein Trost." Da sagte sie: „Herr, das ist wahr. Wenn es dir gefallen sollte, wollte ich immer in diesem großen Leid bleiben." Da sprach Gott:

„Wisse, dass es mir nicht wohl ist mit deinem Leid und deiner Krankheit. Es ist nicht meine Natur, dich so leiden zu sehen, aber ich will, dass du zur Vollkommenheit gelangst, und kann diesen Moment nicht abwarten. Wenn aber die Zeit deiner Reife da ist, lasse ich dich keine Stunde länger auf Erden. Du musst aber noch warten, denn ich will großes Lob dafür bekommen, dass du so lange Trübsal und Leid erlitten hast."

Dann kam die Zeit, da Gott ihr geholfen hat, ihre Last zu tragen. Eine kleine Erleichterung erschien ihr schon ein großer Trost. Dann setzte sie sich hin und wartete, dass eine neue Prüfung kam, und war sicher, dass sie schnell kommen würde, und sprach: „Herr, der Festtag ist noch nicht da, es ist Arbeitstag. Ich bin bereit; wann immer du willst, erlaube mir, wieder zu arbeiten." Und so blieb sie ruhig und wartete geduldig. Denn sie erwartete das kommende Leid mit großem Begehren, so wie die, die hohes Fieber haben, ihre Heilung erwarten. Und bevor sie es verstand, kam Gott und versetzte sie wieder in das Leid, das sie gewollt hatte. Und so groß ihre Linderung gewesen war, umso größer war ihr Leid; ja, was für einen anderen, der nicht daran gewöhnt war, unerträglich gewesen wäre, schien ihr sehr erträglich.

In diesem Leid rief sie voller Begehren:

„Oh geliebter Herr, wann wird die Zeit kommen, da du mir ein solches Leid zufügst, dass ich nicht mehr herauskomme und völlig darin stecke? Oh Herr, wo doch die Erde so voll ist von Leid, wann wirst du mich mit Leid sättigen? Warum schonst du mich, indem du mich an so wenig Leid Anteil nehmen lässt?"

Dann aber war sie völlig verängstigt und dachte: „So denkst du immer nur daran, was gut ist für dich." Denn, als sie sah, dass Leid und Krankheit ihr Trost bedeuteten, wagte sie nicht mehr, solche zu begehren. Da antwortete Gott:

„Du kannst sicher sein, dass du nie in deinem Leben satt an Leid sein wirst, denn, je mehr ich dir gebe – soviel man ertragen kann – als desto weniger erachtest du es, als ob es etwas Leichtes wäre. Und ich will dir nicht mehr geben, als du ertragen kannst, denn ich will nicht, dass diese Last dich vor deiner Stunde vernichtet. Du sollst auch wissen, dass alles, was deinen Hunger lindern könnte, ein weniger großes Gut wäre als der Hunger selbst; denn der Hunger steht über allem und ist ein besonders edles Leid. Aus Sorge für deine Seele will ich dir alles geben, was deinen edlen Hunger steigern kann."

Wie konnte eine solche Seele leben? Der Hunger selbst machte sie satt und sie hätte ihn gern für immer gelitten, wenn es Gott gefallen hätte. Ihre große Freude belebte ihre Seele; das kam daher, dass Margareta alles, was sie tat, so gut tat wie möglich. Und da sie oft von großer Trübsal und Acedia geschlagen war, war das für sie ein umso größerer Trost; ja, eben ihre Trübsal war ihr Trost. Was sie auch belebte, war der Trost, den sie Betrübten spendete, die zu ihr kamen und die sie belehrte, wie sie ihre Krankheit zu etwas Nützlichem machen und daraus Lob und Ehre für Gott gewinnen konnten. Wenn diese so getröstet wurden, war sie auch getröstet. Und wenn Gott sie nicht tröstete, dann war das Fehlen des Trostes ihr Trost.

Kapitel 63.

Einmal begehrte sie von Gott, er möge ihr in seiner Barmherzigkeit und wenn es sein Wille sei, folgendes gestatten: wenn er vorgesehen hatte, dass sie dreißig Jahre leiden sollte, wollte sie dieses Leid in zehn Jahren vollbringen, wobei die Schwere des Leides die Verkürzung der Dauer ausgleichen sollte. Da antwortete Gott:

„Bis jetzt hast du dein Leid nicht so lange getragen wie ich. Ich habe dich nach meinem Bildnis gemacht, was das Leid angeht. Wenn du so alt sein wirst, wie ich es war, als ich gestorben bin, bereite dich darauf vor, von hier zu gehen, und glaube mir, du wirst nicht länger leben."

Da erkannte sie, dass sie mindestens so lange warten musste. Daher, wie groß auch ihr Leid war, hielt sie sich immer an diese Vorhersage, dass sie vor diesem Alter das

Leben nicht verlassen werde. Sie verstand es nicht voll und ganz, und behauptete es nicht mit Sicherheit, aber es schien ihr, dass, wenn sie Christi Alter haben würde, dies das Ende all ihres Leides sein werde.

Der Bruder, von dem wir oben gesehen haben, dass es der Beichtvater war, den Gott besonders für sie auserwählt hatte, wünschte von einem Festtag zum andern, ins Himmelreich zu kommen. Er teilte ihr dieses Begehren mit. Einmal fragte er Gott während der Adventszeit, dass er zu Weihnachten gerne zu Christus kommen wollte. Da fragte sie Gott:

„Wie kommt es, dass dieser von einem Festtag zum andern zu dir kommen will, wo er doch nicht leidet und nicht so großen Hunger hat wie ich?"

Da sprach Gott zu ihr in ihrem Herzen:

„Mach dir keine Sorge. Sei mir treu und nimm ihn zum Gefährten und glaube mir, ihr werdet nicht lange voneinander getrennt sein."

Daher dachte sie immer, sie werde diesem Bruder vorangehen und er werde ihr bald darauf folgen. Sie fragte:

„Herr, da du mir große Dinge versprochen hast, wo sind die Zeichen meiner Tugenden? Ich weiß doch, dass du mich nicht so nackt sein lässt. Denn, Herr, ich muss ein Leben haben, das ein Lob für dich ist."

Es war schlecht für sie, neben der Kirche des Heiligen Alban[107] zu bleiben, wo sie praktisch auf der Straße saß und jeder Zutritt zu ihr hatte. Manchmal kamen perverse

---

[107] Eine Kirche des Heiligen Alban ist im mittelalterlichen Magdeburg nicht bekannt. Manche Handschriften schreiben nur *sancti A.* und Schmidt (s. XI) vermutet, dass es sich um eine fehlerhafte Auflösung der Abkürzung handelt.

Leute, um sie zu beobachten. Sie aber, da sie alle Menschen für gut hielt, vertraute allen. Und wenn sie sah, was ihnen nottat, belehrte sie sie gerne. Diese aber verstanden nichts davon und drehten ihr die Worte im Mund herum; einer von ihnen schrieb an Bruder Johannes, sich ihr nicht mehr zu nähern; alles käme nur vom Teufel, mit dem sie Umgang hätte, denn er sei ihr Berater; sie aber habe nichts anderes zu tun, als dazusitzen, ohne sich abzumühen, und verschiedene Dinge zu wiederholen, die sie von anderen religiösen Leuten gehört habe, um sie für ihre eigenen auszugeben. „Wenn Ihr diesen familiären Verkehr mit ihr nicht einstellt, wird sie uns alle verwirren." Nachdem er den Brief gelesen hatte, wollte dieser Bruder ihn zunächst Margareta zeigen, hatte aber Angst, sie zu verstören. Am vierten Tag ging er zu ihr und wollte ihr den Brief zeigen, fand sie aber in großem Leid. Da sagte er: „Ich wollte über etwas mit dir reden, aber ich wage es nicht, denn ich fürchte, dich zu verstören." Da antwortete sie: „Um der Liebe Gottes willen, schweiget nicht, sondern redet, denn es könnte gut sein, dass ich dadurch im Gegenteil getröstet werde." Als sie gehört hatte, um was es ging, erhielt sie sofort einen besonderen Trost und eine solche Dankbarkeit, dass sie zu Gott sprach: „Herr, was hast du in mir gesehen, dass du mir so reichlich von dem Erbe gibst, das dir auf Erden gehörte?" Und sie fing an, den Autor der Verleumdung zu lieben; sie rief zu Gott und ließ nicht nach, bis er ihr versprach, ihm eine besondere Gnade dafür zu gewähren, dass er den Brief geschrieben hatte.

Besagter Bruder ermahnte oft Margareta, auf ihre Worte zu achten; aber das konnte sie nicht; die, die gute Freunde schienen, wandten hinter ihrem Rücken ihre Worte gegen sie. Da begehrte sie: „Herr, wann werde ich in einen solchen Zustand kommen, dass ich nicht mehr belästigt werde?" Sie begehrte oft, dass man ihr befehle, mit niemandem zu reden, aber niemand wollte sich damit abgeben.

Es wurde sehr schwierig und lästig für sie, an diesem Ort zu bleiben. Da begehrte sie, Gott möge es ihr erlauben, an einem Ort zu leben, der für sein Lob geeignet sei und wo sie anderen nützlich sein könne[108]. Gott versprach es ihr. Sie blieb in dieser Erwartung von Advent bis Himmelfahrt. Sie wusste nicht wie, war aber sicher, dass Gott mit ihr etwas anderes vorhatte. An Himmelfahrt brannte sie in großem Verlangen und erinnerte Gott an sein Versprechen. Da antwortete er: „Die Zeit der Erfüllung ist gekommen." Bruder Johannes, der die Wunder Gottes in Margareta sah, wünschte, dass sie an einem anderen Ort als Rekluse leben könne, wenn möglich, bei den Dominikanern, neben der Kirche des Heiligen Paulus. Denn er wünschte, dass sie nach ihrem Tod dort begraben werde, und teilte ihr dies sofort mit. Da verstand sie sofort den Willen Gottes, nämlich, dass sie umsiedeln sollte. Der Bruder machte das mit dem Erzbischof aus, der die Erlaubnis zur Umsiedlung gab. Er brachte sie in eine kleine Zelle neben der Kirche des Heiligen Paulus in der Hoffnung, sie könne dort als Rekluse leben und dass er in der Zwischenzeit die Genehmigung der Brüder einholen könne.

Bevor sie ihre Klause verließ, hatte Gott ihr mitgeteilt, dass viele über sie spotten würden, wie damals über ihn, und so kam es auch. Denn viele behaupteten, sie verlasse ihre Klause wegen ihrer schlechten Werke, und dass man sie

---

[108] Die Gelübde einer Rekluse schließen Ortsstetigkeit ein. Um übersiedeln zu können, bedarf es der Erlaubnis des Bischofs.

als Häretikerin verbrennen sollte[109]. Der Gehorsam lähmte sie, denn sie hatte das seit langem begehrt; ihren eigenen Willen zu bekommen war aber für sie sehr schmerzhaft. Gott respektierte dieses Begehren und versprach ihr, dass sie an einen Ort kommen solle, wo sie auch begraben werden solle, und wo die Leute nicht so leicht zu ihr kommen konnten. Es war Gott, der dem Bruder diese Umsiedlung eingegeben hatte, wie er damals Joseph einen Engel geschickt hatte, um ihm zu sagen: (Matth. 2,13)[110] *Nimm das Kindlein und seine Mutter zu dir.*

Kapitel 64.

Was Gott Margareta versprochen hatte, hat er jemand anderem eingeben, damit sie sicher sei, dass er selbst der Urheber ihrer Umsiedlung sei. In der Zwischenzeit litt sie sehr unter solchen Kopfschmerzen, dass man ihren Umzug beschleunigen musste. Die Kopfschmerzen waren sozusagen der Vorwand für die Umwelt. Gott wollte sie an einen Ort umsiedeln, wo er mit ihr ganz nach seinem Willen verfahren konnte. Sie war sicher, dass sie in ein Kloster kommen sollte; sie wusste nicht genau, in welches, aber ihr Herz und ihr Begehren zogen sie zu der Heiligen A.[111]. Denn Gott hatte ihr versprochen, dass die, die sie aufnähmen, durch ihre Anwesenheit sehr vervollkommnet würden.

---

[109] Häretiker werden seit dem 11. Jh verbrannt, Hexen erst ab dem 15. Jh.

[110] M. : « *Accipe puerum et matrem eius* » ; V. *idem* ; EÜ: „Nimm das Kind und seine Mutter".

[111] Schmidt (*op.cit.* S. X) nimmt an, dass es sich um das Kloster der Heiligen Agnes handelt. Dies gehörte aber zu den Zisterziensern und Bruder Johannes scheint sehr motiviert, sie bei den Dominikanern unterzubringen.

Eines Tages kam Bruder Johannes zu ihr und sagte ihr, dass er sie gerne im Kloster der Heiligen A. unterbringen würde – wenn er es erwirken könne – denn er fürchtete, diese Bitte an hoher Stelle für eine so armselige Person anzumelden, und sagte es ihr. Darauf antwortete sie: „Geht nur. Ihr werdet nicht lange zu bitten haben. Denn ein anderer Botschafter ist Euch vorangegangen. Wisset, dass der Heilige Geist für mich eintritt." Als der Bruder also dort ankam und demütig seine Bitte vortrug, fand er die Nonnen alle wohl gesonnen und dieser Sache sehr zugeneigt, wie es später beschrieben wird.

Kapitel 65.

Sobald Margareta ins Kloster kam, war sie mit Gott vereint und alles, was Gott ihr versprochen hatte, ist in Erfüllung gegangen. Sie fing sofort an, sich wie jemand[112] zu fühlen, der von all seinen Freunden verlassen wurde. Sie war so sehr an Gott gebunden und so tot in sich selbst, dass es ihr schwer fiel, mit ihren geistlichen Vertrauten zu reden, mit denen sie oft sehr fröhlich geredet hatte, um darin einigen Trost zu finden. Dann aber hat sie sich so sehr selbst verleugnet, dass sie nicht mehr aus eigener Initiative mit ihnen sprach. Wenn sie ihr aber von Gott geschickt wurden, sprach sie gern mit ihnen um der Liebe Gottes willen. Es fiel ihr schwer, sich dafür von Gott zu trennen, aber ihre Treue zu ihnen ließ sie diesen Schmerz vergessen. Wie Jesus Christus und seine Lehre bekannt wurden, als er dreißig Jahre alt war, so dachte sie in ihrem Herzen, dass die Gnade, die Gott ihr gewährt hatte, offenbart werden müsse, wenn sie auch so alt sei, und dass viele ihrer Lehre folgen sollten. Dies war wahr, denn

---

[112] *homo.*

viele haben sich auf ihren Rat hin selbst verleugnet. Selbst wenn Gott sie zum Trost der ganzen Welt gegeben hatte, hat er sie doch in besonderer Weise den Dominikanern gegeben; der Beweis dafür ist, dass die meisten von ihnen sich durch sie gebessert haben.

Kapitel 66.

Eine gute Nonne war in ihrem Glauben angefochten; sie hatte lange unter dieser Versuchung gelitten. Da sagte sie eines Tages zu Gott: „Wenn die Worte Margaretas wahr sind, Herr, dann bitte ich dich, mich von dieser Versuchung zu befreien."

Und sofort war sie frei davon und wurde nie mehr durch sie beunruhigt. Da wandte sie sich wieder an Gott und sagte: „Herr, da Margaretas Begehren vollkommen ist, bitte ich dich, mich mit derselben Kenntnis zu erleuchten." Da wurde sie von Gott erleuchtet et erhielt große Kenntnis.

Da bat sie ihn noch, er möge ihr auch Dankbarkeit eingeben. Auch darin hat Gott sie erhört.

Alle, die um Margareta waren und die zunächst nicht auf sie geachtet hatten und nicht auf ihre Worte gehört hatten, sondern sie sozusagen verachteten, wurden durch ihr Gebet erleuchtet und zur Kenntnis gebracht.

Margareta wandte wieder ihr Begehren zu Gott: „Da du mir so große Versprechen gemacht hast, wo ich dir doch so untreu bin, musst du mir einen Beweis geben, damit ich dir glauben kann. Dieser Beweis, das sind die Tugenden." Da zeigte er ihr zehnerlei Tugenden.

Die erste ist die Demut, davon gab er ihr viel. Denn nachdem sie die Kenntnis erhalten hatte, hat sie nie Überheblichkeit beichten müssen, obwohl der Teufel ihr oft solche Gedanken eingab. Sie aber achtete nicht darauf, sondern wandte sich an Gott, da sie es für unwürdig hielt, dem Teufel zu antworten. Sie sprach: „Geliebter Herr, möge dein Werk in mir deinem Lob dienen." Sie benahm sich wie ein edles Fräulein, das von einem schlechten Diener unanständige Worte hört, diese aber nicht hören will und sich empört abwendet. Dieses edle Fräulein würde diese Worte vor ihrem Bräutigam verbergen, denn mit ihm will sie nur über anständige Dinge reden. Die edle Seele muss sich mit ihrem Bräutigam ebenso verhalten. Leider tun das viele nicht, denn sie werden ständig von Anfechtungen heimgesucht; sie nehmen die unedlen Reden auf, die der Teufel ihnen eingibt, und belästigen den ganzen Tag über Jesus Christus damit und vernachlässigen ihre wahrhaften Aufgaben, die der Ehre Gottes dienen. Wenn der Teufel widerliche Gedanken oder Versuchungen schickt, wenn die Seele sie erträgt und sich ihnen zuwenden will, je mehr sie daran denkt und darauf zurückkommt, desto mehr besudelt sie sich und sinkt immer tiefer, je mehr sie sich davon befreien will. Je mehr und je länger die Hände im Schmutz wühlen, desto schmutziger werden sie. Die Seele muss sich sofort davon abwenden, als ob sie das nichts anginge. Wenn solche Gedanken oder Versuchungen ihr vom Teufel geschickt werden, muss sie so tun, als wüsste sie von all dem nichts. Dann müsste die Versuchung bald aufhören, denn der Teufel wüsste nicht, ob diese die Seele berührt hat oder nicht.

Die Kenntnis ihrer eigenen Schwäche und die Kenntnis Gottes hatten sie demütig gemacht, und nicht nur die Kenntnis, sondern auch das Wissen um diese, das heißt, dass Gott ihr all dies eingegeben hatte.

Sie begehrte sehr, verachtet zu werden, und konnte an Verachtung nicht satt werden. In diesem Begehren dachte sie:
„Du begehrst, was dir nützlich ist; das aber führt zur Verdammung derer, die dich verachten. Denn niemand kann dich verachten, ohne zu sündigen; wärest du barmherzig, müsstest du eher deine Verdammung in Kauf nehmen, um anderen nützlich zu sein."
Von da an versuchte sie, sich allen so zu zeigen, dass niemand Anstoß an ihr nehmen konnte. Sie wäre wohl verachtet worden, wenn sie die Gnade, die sie erhalten hatte, hätte verstecken können, aber sie wünschte das Heil der anderen und konnte nicht anders, als sie zu lehren, wie sie zur Vollkommenheit gelangen konnte. Daher wurde sie von den meisten geliebt. Diejenigen aber, die nicht so erleuchtet waren und das nicht verstanden, kümmerten sich nicht um sie, sondern verachteten sie eher. Und wenn sie nicht die Frucht erhielt, die sie von der Verachtung hätte erhalten sollen, erachtete sie ihre große Dankbarkeit dafür als diese Frucht.

Die Demut ist vierfältig:

Die Welt verachten, niemanden verachten, sich selbst verachten, verachten, verachtet zu werden[113].

---

[113] Das Zitat ist in Schrägschrift im Text, obwohl es sich nicht um ein Bibelzitat handelt. Schmidt gibt in seiner Ausgabe als Quelle an: H. Walther, *Initia carminum* 18492. Es handelt sich um einen Lehrsatz, der in der Ausgabe der Schriften der Kirchenväter (*Patrilogiae latinae*, Band 171, Spalte 1437) Hildebert von Lavardin zugeschrieben ist. Der ganze Text lautet:
De quatuor bonis et quatuor malis

Margareta hatte Grund, die Welt zu verachten. Denn diese hat sie zuerst verachtet; sie hat niemanden verachtet und liebte sogar die Sünder ganz besonders, und niemand war ein so großer Sünder, dass sie sich nicht selbst für unwürdiger gehalten hätte als ihn. Das war so, weil Gott sie so geschaffen hatte, dass sie eben nicht sündigen musste; das war das Zeichen, dass er sie besonders auserwählt hatte. Wenn sie also sündigte, so erachtete sie ihre Sünde als sehr groß und sich selbst, aufgrund ihrer Sünde, als sehr viel unwürdiger, als wenn sie ein Sklave[114] der Sünde gewesen wäre. Und derjenige, der sündigte, schien ihr schlimmer als die Sünde selbst. Da Gott sie zu großen Dingen auserwählt hatte, schien ihr ihre Schwäche umso größer im Vergleich zu anderen, die Gott nicht zu dieser Vollkommenheit auserwählt hatte. Wenn ein Herr einen Diener zu einer hohen Stellung erhoben hätte, und dieser ihm dann untreu wäre, so erschiene die Untreue des Dieners als umso größer, als die Treue zu ihm groß gewesen war.

Wenn zum Beispiel dieses verachtete Wesen von den Menschen geehrt wurde, bedachte sie dies tief in ihrem

---

Spernere mundum, spernere sese,
spernere nullum, spernere se sperni,
quatuor haec bona sunt.
Quaerere fraudem, quaerere pompam,
quaerere laudem, quaerere se quaeri,
quatuor haec mala sunt.
Der Text wurde im 12. Jh. oft kopiert (*cf.* Robert Favreau, « Sources des inscriptions médiévales » in : *Comptes rendus des séances de l'Académie des Inscriptions et Belles-Lettres*, 2009, 153ᵉ année, n° 4, pp. 1277-1330, p. 1299).
[114] männlich.

Herzen und sagte: „Herr, du wirst in mir geehrt." Wenn sie aber verachtet wurde, schien ihr das gerecht, denn sie verachtete sich so sehr, dass sie es verachtete, verachtet zu werden[115]. Das ist so zu verstehen, dass sie sich verachtete, weil sie verachtet werden musste, denn sie erachtete die Verachtung als ein großes Geschenk, dessen sie sich unwürdig fühlte. Sie akzeptierte die Verachtung, das heißt, dass andere sie verachteten, wie ein Bettler, der von einem hohen Herrn geehrt wird. Denn sie hatte verstanden, dass die, die sie verachtet hatten, ihr mehr einbrachten als die, die sie ehrten. Sie sagte, dass sie sich zueinander verhielten wie eine Bohne zu tausend Goldmark.

Gott hat ihr gezeigt, warum er es zuließ, dass die, die er besonders auserwählt hatte, verachtet würden, und warum er ihnen manchmal Menschen schickte, die an ihnen Anstoß nähmen. Erstens tat Gott dies, damit die Vollkommenen noch vollkommener würden; aber auch, damit die, die Anstoß genommen hatten, durch das Gebet der Vollkommenen gebessert würden. Wenn jemand an Margareta Anstoß nahm, das, woran er Anstoß nahm und das ihn abschreckte, ließ ihre Liebe und ihre Treue zu ihm um so mehr wachsen. Sie sprach zu Gott:

„Herr, diese Menschen geben mir viel, du musst ihnen ebenfalls viel geben. Denn sie sind für mich eine Gelegenheit zur Vervollkommnung. Um deiner Güte willen und weil sie mich verachten und gegen mich sind, führe sie zur Vollkommenheit und schenke ihnen reichlich deine Gnade."

---

[115] In der ganzen *vita* steht *contemno* für verachten, außer in dem obigen Zitat und in diesem und dem folgenden Nebensatz, wo, angelehnt an das Zitat, Johannes *sperno* schreibt.

Und sie war sich sicher, dass vielen Gnade gewährt wurde, die diese nie erhalten hätten, wenn sie nicht an ihr Anstoß genommen hätten.

Immer, wenn ihr Widerwärtigkeiten zustießen, konnte ihr Herz nicht zornig werden, sondern blieb immer großzügig. Denn die Gnade Gottes konnte nie lange ausbleiben; sie musste sich immer äußerlich zu den Menschen so verhalten, wie sie sich innerlich in ihrem Herzen verhielt, nämlich freundlich und gütig. Aber manchmal, wenn sie von Leuten verärgert wurde, die nicht recht über sie im Bilde waren und die ihr ihren Willen aufzwingen wollten und ihre Zeit vergeudeten, indem sie schlecht redeten, wenn sie diese nicht freundlich und gütig zurechtweisen konnte, tat sie so, als sei sie zornig, um sie wenigstens in Schranken zu halten, aber das konnte man nicht wirklich Zorn nennen.

Sie besaß so viel Barmherzigkeit, dass sie das Leid anderer nicht aushalten konnte, nur ihr eigenes. Hätte es Gott gefallen, sie hätte gerne das Leid aller getragen, um sie zu erleichtern.

Der Barmherzigkeit folgt die Frömmigkeit[116]. Sie hatte Seele, Körper und all ihre Werke Gott gegeben. Ihre Frömmigkeit war so groß, dass sie, wenn sie aus eigenem Willen außerhalb des Gehorsam handelte, kaum das Lebensnotwendige bei sich behalten konnte; um den Armen zu helfen, hätte sie sich gerne zu geringem Preis verkauft.

Sie besaß mehr Weisheit als alle die, die ich, Bruder Johannes, je mit Augen gesehen habe, obwohl ich viele Menschen kennengelernt habe in Brabant und anderen Gegenden, religiöse Männer und Frauen, Nonnen und

---

[116] *pietas.*

auch solche, die man im allgemeinen Beginen nennt. Denn alle Wunder Gottes schienen ihr nicht verwunderlich, denn sie kannte sie, als sei sie immer in Gott gewesen; und auch, weil ihr schien, dass alles möglich sei für Gott. Wenn Gott jemandem etwas offenbarte und dieser dagegen handelte, so wusste sie es.

Die Weisheit lehrt Treue. Wir haben oben gesehen, wie sie vor Treue überfloss.

Die Treue lehrt Liebe und die Liebe kommt von der Treue. Liebe muss dem gegeben werden, der treu ist.

Und der, der die Liebe hat, hat Kraft. Kraft ist, dass nichts den Menschen von Gott trennen kann.

An dieser Kraft erkennt man den Glauben, denn so, wie der Glaube ist, so ist die Kraft.

Dem Glauben folgt Hoffnung, denn solange wir glauben, solange hoffen wir. Aber das, was wir erhoffen, wir fürchten, dass es uns eines Tages genommen wird. Daher kommt, dass (Sirach 25,14)[117] die *Furcht alles überragt.* Diese behält alles, nichts kann verloren gehen.

Kapitel 67.

Margareta besaß reichlich all diese Tugenden; jedoch achtete sie nicht darauf, sondern (1.Kor. 7,29)[118] *besaß sie, als besäße sie sie nicht,* und als ob das gar nichts wäre. Jedes Mal, wenn sie Gott für die zwölf oben genannten Tugenden lobte, die in Jesus Christus sind, wusste sie,

---

[117] M. : « *timor* qui *se omnibus superponit* » ; V. : « *timor Dei super omnia se superposuit* » ; entspricht in der EÜ Sirach 25,11 : „Die Furcht vor dem Herrn überragt alles."

[118] M. : « *habuit quasi non haberet* » ; V. : « *(ut et qui) habent (uxores, tamquam) non habentes sint* » ; EÜ: „(Daher soll, wer eine Frau) hat, (sich in Zukunft so verhalten,) als habe er keine."

(1.Kor. 7,17)[119] *welchen Teil Gott ihr zugeteilt hatte*, und so wurde sie oft so von Dankbarkeit übermannt, dass ihr Körper es kaum aushalten konnte. Aus Dankbarkeit konnte sie die Vertrautheit mit Gott, nämlich dass er zu ihr in ihrem Herzen vertraulich sprach, schließlich nicht mehr ertragen und sprach:

„Herr, deine Stimme und dein Wort sind für mich zu schwer und zu groß. Ich kann dich nicht ertragen, du tröstest mich zu sehr in diesem Leben. Wenn es dir recht ist, tröste mich nach diesem Leben."

Es ist schwierig zu unterscheiden, wann Gott zur Seele redet und wann es der Teufel ist, oder wann es menschliche Gedanken sind. Wie der Heilige Bernhard sagt: (*Opera* VI,I, Rom 1970, *sermo* 23,181,9-11 und 19-23) *man kann sie nie unterscheiden*[120]. Margareta setzte ein Erkennungszeichen zwischen die beiden und sagte:

„Wenn der Teufel in der Seele spricht, wenn er gute und vollkommene Dinge sagt, und wenn darauf der Hochmut sich meldet, wenn dann die Seele keinen Einspruch erhebt und sich nicht verteidigen kann, und wenn sie sich nicht

---

[119] M. : « *diviserat* secum *Deus* » ; V. : « *unicuique sicut divisit Dominus* » ; EÜ: „wie der Herr es ihm zugemessen".

[120] Schmidt gibt als Quelle die 23. Predigt von Bernhard von Clairvaux an. Dieser aber sagt an dieser Stelle nicht genau dasselbe. Für ihn ist es schwer und vor allem überflüssig, zwischen dem Geist des Menschen und dem des Teufels unterscheiden zu wollen, denn beide sind schlecht; ebenso ist es überflüssig, zwischen dem Geist eines Engels und dem Gottes unterscheiden zu wollen, denn beide sind gut. Die Unterscheidung, von der Bruder Johannes spricht, die zwischen Gott und dem Teufel, kann nach Bernhard geregelt werden, indem man untersucht, was der betreffende Geist vorschlägt: ist es tugendhaft, so ist es gut, wenn nicht, ist es schlecht.

demütigt, sondern sich überreden lässt und Gott nicht lobt, dann kannst du sicher sein, dass es der Teufel ist, der ihr das eingibt. Denn, wenn sie demütig ist und die Gnade der Demut besitzt, dann kümmert sie sich nicht um das, was der Teufel sagt, denn daraus entsteht ihr kein Schaden."[121]

Wenn der Teufel die Seele nicht durch Hochmut zu Fall bringen kann, beginnt er, sie in anderer Weise anzufechten; er sagt ihr, dass sie sehr arm ist, um sie in Verzweiflung zu stürzen. Wenn die Seele das dann nicht versteht und sich nicht an die Güte Gottes wendet, müsste sie wirklich wissen, dass es der Teufel ist, der versucht, sie von der Barmherzigkeit Gottes zu trennen. Denn so arm eine Seele auch sei, sie darf sich nicht selbst so sehr verdammen, dass sie wünscht, von Gott getrennt zu sein.

Wenn aber die Seele zu Gott spricht, spricht sie von ihrer Armut und sie hält den Spiegel ihrer Schwäche gegen den der Güte Gottes; dann erschrickt sie so sehr, wenn sie ihre Armut betrachtet, dass sie auch nicht den kleinsten Teil an Würde oder Trost für sich zu beanspruchen wagt, sondern sie begehrt nur die Gnade und das Lob und die Ehre Gottes. Wenn ihr aber Mut gegeben wird, große Dinge zu begehren, dann tut sie es gezwungenermaßen, weil sie dazu von Gott gezwungen wird. Dann muss sie wohl überlegen, ob sie weise begehrt, ob das, was sie begehrt, erfüllt werden kann, und ob es dem Lob Gottes dient.

Wenn sie all das in Betracht zieht, kommt sie schüchtern vor Gott und findet sich selbst unwürdig. Denn die Furcht und das Wissen um ihre Unwürdigkeit lasten auf ihr, so dass es keinerlei Hochmut in ihrem Begehren geben kann.

---

[121] Anführungszeichen fehlen.

Wenn ihr aber Trost eingegeben wird, erschrickt sie sehr. Dieser Schrecken kommt von ihrer Demut.

Danach steigert sich ihre Inbrunst noch mehr als vorher, als sie aus eigenem Willen begehrte. Denn wenn Gott selbst spricht, so wächst die Gnade und er spricht zu dem Geist der Seele selbst. Dann ist der Geist so bezwungen und gebunden, dass die Seele hören muss, was ihr gesagt wird, und muss sich benehmen wie bei Hof. Und da (1.Joh. 1,5)[122] *er Licht ist*, geht seine Rede mit Erleuchtung einher und gibt der Seele immer ein Zeugnis, woraus sie ersehen kann, dass er es ist, der redet. Und obwohl die Seele weiß, dass er das höchste Gut ist, und trotz allem, was er ihr von seiner Güte sagen kann, will sie ihm trotzdem nicht glauben. Da zeigt er ihr ein Zeichen, das sie in sich trägt, und durch das er sie zum Glauben bringen will. Dies Zeichen, das sind die Tugenden, die er ihr in seiner Barmherzigkeit gewährt hat. Endlich ist die Seele so gedemütigt, dass sie kein Wort mehr ertragen kann; da schweigt Gott und erlaubt es ihr, zu reden.

Dann redet sie in ihrem eigenen Geist, als ob sie im Geist Gottes redete und quasi, als ob sie Macht über ihn hätte, und nimmt sich alles von ihm, was sie will, und kommt ungehindert zu Gott. Dann sagt sie: „Herr, du willst dies tun", so als ob Gott zuvor gesagt hätte: „ich will dies tun."

Zuerst sucht die Seele Gott, besitzt ihn aber nicht wirklich; es ist eher, als stände sie vor ihm; wenn sie ihn aber lange gesucht hat und davon müde ist, kommt Gott zu ihr und vereint sich mit ihr und erlaubt ihr diese Macht, denn er weiß, dass sie sehr treu ist; niemals würde sie seine Gaben verschleudern, wenn es nicht sehr lobenswert wäre.

---

[122] M. : « *ipse est lux* » ; V. : « *(Quoniam) Deus lux est* » ; EÜ: „Gott ist Licht".

Früher hatte er ihr seinen Willen mitgeteilt, jetzt aber kennt sie diesen aus Gewohnheit – wie eine Ehefrau, die lange an der Seite ihres Mannes gelebt hat, dessen Willen aus Gewohnheit so gut kennt, dass der Mann gar nichts mehr zu sagen braucht; sie weiß von selbst, was ihr Mann will. So ist es mit der Seele und Gott.

Die Seele ist so ängstlich und so treu, dass sie in Anwesenheit ihres Gatten alles in Ordnung bringt. Sie sucht Gott nicht im Himmelreich, sondern hat ihn immer in sich. Wenn sie sich hinsetzt und überlegt, was zu tun ist, ist das Wort der Seele im Herzen Gottes; dann vereint sich Gottes Herz mit dem der Seele, fast als ob es das Herz der Seele wäre.

Die anderen Seelen, die nicht so mit Gott vereint sind, haben nicht seinen Rat in sich selbst. Darum müssen diese Seelen sich immer fürchten, denn sie sind im Innern in der Finsternis, wo sie die Wahrheit nicht voll erkennen können. Die aber, die in Gott sind, können niemals zweifeln, denn sie sehen in sich selbst, als sähen sie durch die Augen Gottes, so als ob ihre Augen die Augen Gottes wären. Und Gott hat ihre Augen so erleuchtet, dass sie die Wahrheit voll erkennen. Sie sehen sie nicht im Traum, sondern in der Erkenntnis.

Jedes Mal, wenn sie so erleuchtet ist und mächtig wird, ist ihre Gnade tausend Mal größer als vorher, als Gott zu ihr sprach. Keine Seele kann diese Einung, diese Macht und diese Kenntnis besitzen außer derjenigen, die zu nichts geworden ist und deren Leben ganz Gott ist; denn alles, was gut ist in dieser Seele und diesem Herzen, ist Gott selbst.

Manchmal kommt die Seele zu sich zurück, denn sie kann nicht immer in dieser Kenntnis bleiben, und wenn sie das Spiegelbild ihrer Schwäche sieht, erkennt sie, welches ihr

Teil ist und was sie selbst ist. Wenn sie sich aber dann fürchtet, wenn sie in einen inneren Konflikt kommt, weil sie erkennt, wie schwach und unwürdig sie ist, dann wächst die Weisheit um so mehr, je mehr der innere Konflikt wächst; sie merkt das, denn sofort begibt sie sich zu Gott und in Gott, egal, was sie gerade bedrückt. In Gott findet sie das Licht, das sie von allem befreit. Und ihr Trost wird größer und es wird zur Gewohnheit, dass ein solcher Konflikt eine besondere Gnade bewirkt, die Gnade der Sicherheit, denn sie wird sich immer sicherer.

Denn alles, was Gott gibt, wächst und bleibt stabil, aber das, was der Teufel gibt, ist immer unsicher und nimmt ab, selbst wenn er gute Dinge verspricht. Das bleibt in der Finsternis und wird nicht zum Zeugnis der Wahrheit, und seine Versprechen ziehen Falschheit und Verlassenheit nach sich. Daher begehrt die Seele immer den inneren Konflikt, denn sie trägt meist den Sieg davon. Und wenn sie davon in innere Bedrängnis kommt, verleiht Gott ihr die Waffe der besonderen Gnade.

Etwas ist groß in der Seele, nämlich, dass sie in sich selbst gar nichts ist und ganz abscheulich. Und trotzdem ist sie sich der großen Dinge in Gott sicher, denn sie vertraut ihm voll und ganz. Sie will keine andere Sicherheit haben als nur die Güte Gottes. Und so viele Tugenden Gott ihr auch gegeben hat, sie antwortet ihm: „Es sind nicht meine, sondern deine."

Und sie sagt: „Was könnte ich jemals so Großes für dich tun wie dir in so großen Dingen zu vertrauen?" Da antwortet Gott:

„Das erscheint dir so groß, von meiner Güte zu profitieren und mir zu vertrauen? Ich tue noch viel mehr für dich. Obwohl du arm bist und dich arm machst, musst du trotzdem von Natur aus geehrt werden. Denn dazu bist du erschaffen, du bist die Tochter des größten Königs und musst sein Erbteil besitzen. Und ich tue noch mehr für dich, da ich deine Schwächen ertragen muss, die du mir immer vor Augen führst. Denn ich bin edel von Natur, und du führst mir immer niedere Dinge vor Augen, die ich nicht mag und die in dir völlig zerstört sind. Du willst immer meine Güte an solche Dinge heften. Warum sollte ich ruhig bleiben und deine Schwächen geduldig ertragen? Ich tue es aus zu großer Liebe zu dir. Ich ertrage das auch, weil du alle Gnaden, die ich dir gewähre, in deiner Schwäche bewahrst, wie die Lilie im Sumpf bewahrt wird; denn, wenn du immer nur meine Güte vor Augen hättest und nicht deine Schwäche, nähme die Gnade in dir ab und du verlörest die Dankbarkeit, die du jetzt hast."

Kapitel 68.

Wenn die Seele so vereint ist mit Gott, dass sie eins ist mit ihm, wird sie so edel, dass es ihr nicht geziemt, offen an ihre Schwächen zu denken, sondern sie sie nur versteckt bewahrt. Da sie sich aber aus Gewohnheit demütigt, wird sie davon bedrückt, als wenn sie sie klar vor sich sähe. Nie vergeht diese Reue in ihr, selbst wenn sie sicher ist, dass Gott all ihre Sünden vergessen hat. Aber der Schmerz der Reue dauert nicht lange, denn lange bevor sie zur Vollkommenheit gelangte, war sie völlig gereinigt. Sie muss aber trotzdem die Reue behalten, um die anderen besser verstehen und ihnen treu sein zu können. Wie wenn ein Kleidungsstück nach dem Modell eines anderen geschneidert wird, so denkt sie nach dem Modell ihrer eigenen Schwäche an die der anderen Sünder, denn sie spürt sofort die Schwäche der anderen und wird davon so sehr berührt, dass sie ihre eigene vergisst und sich an Gott wendet:

„Herr, du hast meine Schwäche getilgt, aber andere haben niemanden, der für sie eintritt. Aufgrund deiner Barmherzigkeit mögest du ihre Schwäche tilgen, wie du meine barmherzig getilgt hast."

Dann wird ihre Seele ungeduldig und sehr traurig, barmherzig und armselig, wenn Gott es ihr erlaubt, denn sie muss jetzt immer im Licht sein und sich nicht beschweren, es sei denn, es geht um ein sehr lobenswertes Anliegen. Aufgrund dieser großen Kenntnis, da sie immer im Licht ist, erlaubt Gott es ihr nicht, verstört und armselig zu sein; denn, wenn er sie nicht davon abhielte, zerstörte sie sich selbst mit ihrer Ungeduld, da Gott zu wenig Lob von den anderen erhält, die so wenig vollkommen sind. Die Süße des Herzens Gottes lässt sie keine Bitterkeit verspüren, denn der feste Trost und die Sicherheit, die sie jetzt hat, geben ihr die Gewissheit, dass Gott sie immer erhören will für all die, für die sie betet, die würdig sind, sich zu bekehren, und es verdienen, erlöst zu werden.

Das große Leid, das sie von ihrer Dankbarkeit bekam, musste gemäßigt werden; denn, wenn sie ein großes Verlangen nach Gottes Lob hatte, dachte sie:

„Warum bist du so ungeduldig, was ist es? Willst du Gott etwas geben, was er nicht schon hätte? Du kannst ihm nur das geben, das schon sein ist. Du musst geduldig warten, denn du kannst sicher sein, dass das, was auch immer notwendig sei, damit sein Lob in dir vollkommen sei, ohne jeden Zweifel eintreten wird."

Und ihre großen Leiden, wir ihr Wunsch, in die Hölle zu kommen, sind vorbeigegangen. Sie kam in einen Zustand, wo sie kein Leid mehr zu begehren wagte. Wenn sie aber solches erhielt, war es ihr lieb. Aber Gott erleichterte ihre Last. Also blieb sie ganz ruhig und wartete geduldig, bis er ihr wieder sein Almosen gab. Und das war ihr Leben, immer zu begehren, nicht so viel Trost zu erhalten, wie sie in sich besaß, und die Augen zu dem Versprechen der Erfüllung ihres Begehrens zu heben.

Sie verhielt sich wie eine Verlobte, die, solange sie klein ist, nackt gehen kann und nicht getröstet wird, sondern arbeiten muss. Wenn aber die Hochzeit naht, wird sie geschmückt, sie darf bei Hof sitzen und immer hoffen und getröstet sein. So geht es der Seele: wenn sie zur Vollkommenheit kommt, geziemt es sich, dass sie den Schmuck trägt, den Gott selbst ohne ihr Zutun in sie gelegt hat, und sie muss ihre Augen zu Gott heben, um zu sehen, was er ihr geben will und was am meisten seinem Lob dient. Vorher, als sie noch klein war, wollte sie nicht getröstet werden, sondern verachtenswert bleiben und immer an das zu denken, das für sie Leid und Bitterkeit war. Davon wurde sie befreit und konnte nun denken, was sie wollte. Damals hatte der Herr ihr erlaubt, zu tun, was sie wollte, jetzt aber durfte sie dies nicht mehr; sie musste sehen, was er will, und in allem Gottes Willen befolgen.

Früher hatte sie die Gnade Gottes mit Furcht getragen, denn sie befand sich in großer innerer Armut; jetzt aber, da sie mit Gott vereint war, wie es gesagt wurde, hat sie in ihm Gewissheit und Freiheit gefunden und ist sich so sicher geworden, als besäße sie schon, was ihr vor langer Zeit versprochen wurde. Trotzdem wollte sie sich nie selbstsicher fühlen. Und sich nicht sicher zu sein, war ihr Trost, denn ihm trotz dieser Unsicherheit zu vertrauen, bringt Gott großes Lob ein.

Kapitel 69.

Margareta war also auf dieser Stufe angelangt. Sie besaß eine solche Gewissheit, dass sie sich sicher war, nie von

Gott getrennt zu werden. Aber aufgrund dieser Sicherheit verachtete sie sich selbst noch mehr, denn sie dachte: „Gott bindet dich mit seiner Gnade und deiner Dankbarkeit. Wenn du ihn aber mit deiner Treue binden wolltest, wärest du schnell von ihm getrennt. Er behandelt dich wie einen Übeltäter, den man ins Gefängnis wirft und in Ketten legt. Solange er im Gefängnis ist und in Ketten, tut er nichts Böses. Wird er aber frei gelassen, wird man sehen, was er tut, vielleicht tut er etwas Böses."

Mehr als alles, was sie gedemütigt hatte, hatte sie eine Geißel, von der sie bis jetzt nicht hatte sprechen wollen.

Sie empfing besondere Gnade und Inbrunst für die, die nach ihrem Rat dem Weg der Vollkommenheit folgten. Sie war dafür so dankbar, dass ihr das manchmal Schmerzen bereitete. Sie begehrte, dass sie die rechte Erkenntnis erhielten, und war sich sicher, Gott werde sie erleuchten und sie zur rechten Erkenntnis führen, nicht nur, solange sie lebte, sondern auch nach ihrem Tod. Sie wusste, dass die ganze Welt danach von ihnen getröstet werden sollte, denn sie würden andere belehren und sie sehr erleuchten. Daher durfte sie Leid nicht für sich begehren, sondern für diese, damit sie erleuchtet würden. Die Erfüllung des Versprechens, das ihr gemacht wurde, zu erwarten, war ihr ganzer Trost. Sie war immer besonders besorgt um deren Seelenheil wie Christus für die Apostel, und das erschien ihr als gerecht, denn Gott hatte diese ihm gegeben und jene ihr.

Sie war den anderen treu, sie hatte aber erkannt, dass dies allein von der Gnade kam. Ihre Treue zu jedem war so groß, als wäre sie ganz jedem Einzelnen gegeben, so wie Christus für alle gelitten hat. Trotzdem hatte sie eine größere Inbrunst und größere Dankbarkeit für die, die sie kannte, als für die, die sie nie gesehen hatte, selbst wenn sie das Heil aller begehrte. Sie empfand eine solche Zuneigung[123] für sie, als ob es sich um die Liebe Gottes handelte und nicht um eine vergängliche Empfindung; gerade so, wie in der Welt einer den anderen so sehr liebt, dass er bereit ist, sein Leben für ihn zu verlieren. Ihr Herz verlangte so sehr nach Gottes Lob und dem Heil der anderen, dass sie, hätte sie so viele Seelen retten können, wie sie Haare auf dem Kopf hatte, gerne ihre Seele für sie verloren hätte. Ebenso, wenn es um die Gaben Gottes stünde wie um vergängliche Dinge, die man verlieren kann, hätte sie die Gaben aller besessen, die im Himmelreich sind, und die Möglichkeit gehabt, sie den andern zu geben, so hätte sie gerne dafür die Verdammnis in Kauf genommen.

Während einer Hungersnot in dieser Zeit war der Hunger so groß, dass sie gern alles gegeben hätte. Sie schätzte irdische Dinge überhaupt nicht und erhielt durch sie keinen Trost, denn sie dachte:

„Selbst, wenn du dich ihretwegen aller Dinge entledigen willst, weißt du doch, dass du nichts verlieren wirst, denn der Hunger stirbt nie auf unserem Weg [in den Himmel]."[124]

Aber ihre Seele wollte, dass das, was sie begehrte, sofort einträte. Ihr Leid war unaussprechlich, weil die Güte Gottes, die sie kannte, den meisten verborgen blieb. Ihr Begehren, Gott dazu zu bringen, er möge sich offenbaren, war maßlos und keine Zunge kann es beschreiben. Denn sie sagte:

---

[123] *pietas.*

[124] Ich danke Bruder Renaud Escande für seine Hilfe bei diesem Satz, der grammatisch nicht ganz klar ist.

„Herr, ich will keinen anderen Trost als diesen, und will keine Geduld aufbringen, wenn du mich nicht in diesem Punkt erhören willst."

Jede fleischliche Liebe war tot in ihr, selbst ihren Eltern gegenüber, denn sie liebte Christus in ihren Eltern wie in allen Menschen. Sie wollte nicht, dass jemand sie liebt, weil sie ihm treu war, sondern damit Gott allein dafür gelobt und umso mehr geliebt werde.

Kapitel 70.

Die, die sich auf dem Weg der Süße Gottes befanden, konnten sie nicht hören oder mit ihr vertraut sein, sondern wandten sich schnell von ihr ab. Was Gott ihr versprochen hatte, was die Körperkraft angeht, hat er treu erfüllt. Er allein war ihre Kraft und er hat große Dinge in ihr gewirkt. Er hatte ihr eine einzige Kraft gelassen, denn wenn er sie manchmal verließ, erduldete sie großes Leid nur mithilfe der Kraft ihrer eigenen Seele. Diese Kraft aber war in ihr wohl ausgestattet, denn Gott wollte ihre Standfestigkeit erproben, indem er ihr so viele Prüfungen auferlegte. Ebenso ihr Glaube, denn je mehr Gott sie zu verlassen schien, desto fester glaubte sie an ihn. Wenn sie manchmal in Ohnmacht fiel vor Schmerz, hielt sie sich an den Glauben wie an ein Licht. (Sirach 25,14)[125] *Die Furcht überragt alles,* denn sie hat alle ihre Werke behalten.

Jeder, der dieses Buch lesen will, soll zuerst in seinem Herzen anerkennen, dass (Luk. 1,37)[126] *für Gott nichts*

---

[125] Schon zitiert, siehe Fußnote 117. Der Text M. lautet hier etwas anders: « *Timor omnibus se superposuit* ».

[126] M. « *quia Deo nichil est impossibile* » ; V. : « *non erit impossibile apud Deum omne verbum* » ; EÜ: „für Gott ist nichts unmöglich."

unmöglich ist, denn (Sirach 43,30)[127] *er ist allmächtig,* und er soll fest daran glauben und an das Evangelium denken, das sagt: (Mark. 9,22)[128] *„Alles ist möglich für den, der glaubt".*

Und der, der sagt: „Ich verstehe nicht, was da geschrieben steht, diese Sätze sind wertlos und umsonst und ich erachte sie für nichts", wer immer er sei, er soll sich selbst seiner Blindheit beschuldigen und behaupten, die griechische, slawische oder hebräische Sprache seien nichts, weil er sie nicht versteht. Mit dieser Entschuldigung muss er nicht den Apostel lesen, der schreibt: (1.Kor. 12,4)[129] *Es sind mancherlei Gaben.* Der, der dieses Buch gelesen hat, soll im Gegenteil Gott für seine reichlichen Gaben loben, und er soll ihn für Margareta loben, dass er dieses innere Wunder in ihr vollbracht hat in unserer Zeit. Gott wird in unserer Zeit durch äußere Wunder in vielen Heiligen geehrt, jetzt aber will er seine Herrlichkeit durch innere Wunder offenbaren. (Röm. 16,27)[130] *Gott sei Ehre von Ewigkeit zu Ewigkeit. Amen.*

---

[127] M. : « *ipse est omnipotens* » ; V. : « *ipse enim Omnipotens super omnia opera sua* » ; entpricht in der EÜ Sirach 43,28 : „ist er doch größer als alle seine Werke."

[128] M. : « *Omnia possibilia sunt credenti* » ; V. *idem* ; in der Vulgata steht es Vers 22, aber in der EÜ Vers 23: „Alles kann, wer glaubt."

[129] M. : « *divisiones gratiarum esse* » ; V. : « *Divisiones vero gratiarum sunt* » ; EÜ: „Es gibt verschiedene Gnadengaben".

[130] M. : « *Ipsi gloria in secula seculorum. Amen.* » ; V. : « *soli sapienti Deo (, per Jesum Christum, cui honor, et) gloria in saecula saeculorum. Amen.* » ; EÜ: "Gott sei Ehre (durch Jesus Christus) in alle Ewigkeit. Amen."

Bibliographie:

a) Hier zitierte Werke :

- JOHANNES VON MAGDEBURG, O.P., *Die Vita der Margareta contracta, einer Magdeburger Rekluse des 13.* Jahrhunders, erstmals editiert von PAUL GERHARD SCHMIDT, Leipzig : Benno Verlag (*Studien zur katholischen Bistums- und Klostergeschichte*, hg. Von Franz Schrader, tome 36).

- WEISS, BARDO, *Margareta von Magdeburg, eine gelähmte Mystikerin des 13. Jahrhunderts,* Paderborn, München, Wien, Zürich : Verlag Gerdinand Schöningh 1995.

- Friar JOHANNES O.O. OF MAGDEBURG, *The Vita of Margaret the Lame, a Thirteenth-Century German Recluse and Mystic,* translated, with commentary by Gertrud JARON LEWIS and TILMAN LEWIS, Toronto : Peregrina Publishing Co. 2001.

- BERNARD DE CLAIRVAUX, *Sermons divers*, Band 2, Paris : Les éditions du Cerf 2007.

- *Die Bibel. Einheitsübersetzung,* Herder 1980.

- *Biblia Sacra Vulgatae Editionis, Editio Nova*, Paris: Editions Gauthier 1837.

- GRUNDMANN, HERBERT, *Religiöse Bewegungen im Mittelalter,* Hildesheim: Georg-Olms, 1961.

- RUH, KURT, GESCHICHTE DER ABENDLÄNDISCHEN MYSTIK, BAND 2, MÜNCHEN : BECK 1993.

- NEUMANN, HANS, *Mechthild von Magdeburg >Das fließende Licht der Gottheit<*, Band I und II, München, Züich: Artemis-Verlag 1990 und 1993.

- MECHTHILD DE MAGDEBOURG, *La lumière fluente de la Divinité*, traduit du moyen-haut allemand par Waltraud Verlaguet, Grenoble : Verlag Jérome Million 2001.

- ANNEKE B. MULDER-BAKKER, „Lame Margeret of Magdburg: the social function of a medieval recluse", in: *Journal of Medieval History* Bd 22, 1996, S. 155-169.

- *Id., Lives oft he Anchoresses. The Rise oft he urban recluse in medieval Europe.* Philadelphie, University of Pensylvania Press 2005.

- NEMES, BALÁZS J., *Von der Schrift zum Buch, vom Ich zum Autor*, Tübingen/Base:, A. Francke Verlag 2010.

- *Id., Der ‚entstellte' Eckhart. Eckhart-Handschriften im Straßburger Dominikanerinnenkloster St. Nikolaus in undis*, in: *Schreiben und Lesen in der Stadt. Literaturbetrieb im spätmittelalterlichen Straßburg*, hg. von STEPHEN MOSSMAN u.a., Berlin/Boston 2012, S. 39-98.

- SCHMIDT, PAUL GERHARD, „'Margareta Contracta' eine Magdeburger Mystikerin des 13. Jahrhunderts", *Hagiographica* Band 15, 2008, S. 177-196.

- *Id.*, „Eine Kurfassung der «Vita Margaretae contractae», *Hagiographica* n°14, 2007, S. 211-230.

- VERLAGUET, WALTRAUD, *L'éloignance. La théologie de Mechthild de Magdebourg (XIIIe siècle)*, Bern : Peter Lang 2005.

- ID., Mechthild von Magdeburg: schriftliche Mündigkeit und Abstiegsmystik, in: FISCHER IRMTRAUD (Hg.), *Theologie von Frauen für Frauen?*, Wien: Lit-Verlag, 2007, p. 323-327.

b) Weitere Literatur :

- AFFEL, WERNER (Hrsg.), *Frauen in Spätantike und Frühmittelalter* (Beiträge zu einer internationalen Tagung am Fachbereich Geschichtswissenschaften der Freien Universität Berlin, 18.-21. Februar 1987), Sigmaringen: Thorbecke, 1990.

- APPELT, HEINRICH (Hrsg.), *Frau und spätmittelalterlicher Alltag*, Internationaler Kongress 2-5. Oct. 1984, Krems an der Donau, Wien: Verlag der Österreichischen Akademie der Wissenschaften, 1986.

- AUERBACH, ERICH, «Gloria passionis», in: *id.*, *Literatursprache und Publikum in der lateinischen Spätantike und im Mittelalter*, Bern: Francke Verlag, 1958, S. 54-63.

- BØRRESEN, K.Elisabeth, «Théologiennes au Moyen Age», RThL, 20, 1989, S. 67-71.

- BRETSCHNEIDER, ANNELIESE, «Magdeburg als Kultur- und Sprachzentrum in alter und neuer Zeit», *Magdeburger Kultur-und Wirschaftsleben* n°3, Janvier 1935.

- BROWN, EARL-KENT, «Women in Church History: Stereotypes, Archetypes and operational Modalities», *Methodist History* (USA), 1980, n°2, S. 109-132.

- DEGLER-SPENGLER, BRIGITTE, «Beginen und Begarden am Oberrhein», *Zeitschrift für Kirchengeschichte* 1979, 90 n°1, S. 81-84.

- *ID.*, «Die religiöse Frauenbewegung des Mittelalters», *Rottenburger Jahrbuch für Kirchengeschichte*, Bd 3, 1984, S. 75-88.

- DINZELBACHER, PETER. (Hg.), «Religiöse Frauenbewegung und mystische Frömmigkeit im Mittelalter», *Beihefte zum Archiv für Kulturgeschichte*, n° 28, Köln: Böhlau, 1988

- *ID., Heilige oder Hexen?*, Hamburg: Rowohlt, 1997 (1ère édition: Zürich: Artemis, 1995).

- *ID.*, «Körperliche und seelische Vorbedingungen religiöser Träume und Visionen», in: TULLIO, Gregory (éd.), *I sogni nel medioevo*, Rome, 1988, S. 57-86.

- *ID.*, «Die Gottesbeziehung als Geschlechterbeziehung», in: Brall, Helmut (éd.), *Personenbeziehungen in der mittelalterlichen Literatur*, Düsseldorf: Droste, 1994, S. 3-36.

- ELM, KASPAR, «Die Frau in Ordenswesen, Semireligiosentum und Häresie des 12. und 13. Jahrhunderts», *IkZ* 1982, vol. 11, n°4, S. 360-379.

- GRUNDMANN, HERBERT, «Die Frauen und die Literatur im Mittelalter», *Archiv für Kulturgeschichte*, vol. 26, 1936, S. 129-161.

- HAAS, ALOIS, «La mystique comme théologie», *RSR*, vol. 72 n°3, 1998, S. 261-288.

- HARKSEN, SIBYLLE, *Die Frau im Mittelalter*, Leipzig: Edition Leipzig, 1974.

- HOFFMANN, F.W., *Geschichte der Stadt Magdeburg*, Magdeburg: A. Rathke, 1885.

- IOGNA-PRAT, DOMINIQUE, «La femme dans la perspective pénitentielle des ermites du Bas-Main (fin XIe début XIIe siècle)», *Revue d'Histoire Spirituelle*, 53, 1977, S. 47-64.

- JASPERT, BERND, «Weltliche Frömmigkeit im Mittelalter», Erbe und Auftrag 1986, vol. 62 n°4, S. 259-284.

- LUNDT, Bea (éd.), *Auf der Suche nach der Frau im Mittelalter. Fragen, Quellen Antworten*, München: Fink, 1991:

- MÖLLENBERG, WALTER, «Aus dem geistigen Leben der Stadt Magdeburg», *Neujahrsblätter*, hrsg. von der Historischen Kommission für die Provinz Sachsen und für Anhalt, Halle: Otto Hendel, 1918, S. 5-36.

- Mulder-Bakker, Anneke B., *Lives of the Anchoresses. The Rise of the Urban Recluse in*

Medieval Europe, Philadelphia: University of
Pennsylvania Press 2005.

- OPITZ, CLAUDIA, *Evatöchter und Bräute Christi,*
Weinheim: Deutscher Studienverlag, 1990.

- SCHMIDT, MARGOT, «Regio dissimilitudinis»,
FzPhTh, 1968, vol.15, S. 63-108.

- *ID.,* «Einflüsse der "Regio dissimilitudinis" auf die
deutsche Literatur des Mittelalters», *Revue des
Etudes augustiniennes,* 1991, vol. XVII, n° 3-4, S.
299-313.

- UITZ, ERIKA, «Der Beginn der kommunalen
Bewegung in Magdeburg 1129», *Magdeburger
Beiträge zur Stadtgeschichte,* Heft 2, Magdeburg,
1978, S. 5-14.

- *ID.,* «Zur gesellschaftlichen Stellung der Frau in
der mittelalterlichen Stadt (Die Situation im
Erzbistum Magdeburg)», *Magdeburger Beiträge
zur Stadtgeschichte,* Heft 1, Magdeburg, 1977, S.
20-42.

- *ID.,* «Geschichte der Stadt Magdeburg im
Mittelalter, Wirtschaftsstruktur und soziale
Verhältnisse», *Quellensammlung zur Geschichte
der Stadt Magdeburg,* Heft 8, t.2/1, Magdeburg,
1968.

Index der Bibelzitate